在春天
走进果园

[波斯] 鲁米（Rumi）———著

科尔曼·巴克斯———英译　　梁永安———中译

THE ESSENTIAL RUMI

湖南文艺出版社
HUNAN LITERATURE AND ART PUBLISHING HOUSE

博集天卷
CS-BOOKY

献给心灵中的恻隐和身体内的光，

献给太阳、大不里士[1]的沙姆斯[2]和巴瓦·穆哈亚狄恩[3]

1　伊朗西北部的一座城市。（如无特别说明，本书脚注均为编者注。）

2　Shams，在阿拉伯语中有太阳之意。在鲁米的诗中，沙姆斯既指太阳，也指他的朋友沙姆斯。（中译者注）

3　一位来自斯里兰卡的苏非派神秘主义者。

目录

新版序 / 001

本书体例 / 001

1 酒馆：
谁带我来的这里，谁就得带我回家 / 001

谁在用我的嘴巴说话 / 我们有一大桶葡萄酒…… / 精神共同体 / 我
的头脑…… / 醉汉怕警察…… / 孩子的游戏 / 全都消失了，里里
外外…… / 我们啜饮的酒…… / 许多的酒 / 特别的菜肴 / 烤焦的
卡博串 / 新规则 / 这颗心……

2 困惑：
我有五事相告 / 017

我有五事相告 / 无助 / 萨拉丁的乞钵 / 深夜…… / 日落有时肖似
日出…… / 成为融化的雪 / 易碎的小瓶 / 我们在哪里 / 在你的身
体里有一颗光的种子…… / 你以为我知道自己正在干什么吗……

3
夜气：
虚空与静默 / 031

芦笛之歌 / 口渴的鱼 / 我的话尽意了吗 / 世界由我们对虚空的爱
所创造 / 静 / 方熄的烛火 / 手艺和虚空 / 虚空 / 当你离开我…… /
没有旗子 / 粮袋 / 夜气 / 声音和存在之间有一条通道……

4
春之晕眩：
伫立在朝气勃勃的气息中 / 059

春天 / 乐音处处的所在 / 大马车 / 今天，就和平常的每一天一
样…… / 在是非对错之外…… / 破晓的微风有秘密要告诉你…… / 我
渴望吻你…… / 他们试着辨别…… / 在春天的时候…… / 春天是尔
撒 / 大地的叫喊 / 展开你自己的神话 / 不在日历上的一天 / 舞曲 /
我舌头的形状 / 小草 / 跟小孩玩耍的谢赫 / 任由陷于恋爱中的人放
浪形骸吧…… / 音乐日夜鸣奏……

5
不要走近我：
感受分离的滋味 / 081

有时候我真的会全然忘掉 / 男人与女人的口角 / 一个空心蒜头 / 空
荡荡的潜水服 / 我最坏的习惯 / 勿让惶恐把你的喉头收紧…… / 糖
的溶剂 / 苍白的日光……

6
节制欲求：
你是怎样杀死自己的雄鸡的 / 091

真正的男人 / 文身 / 火之中心 / 有一个人…… / 即使苦苦追问…… /
穆罕默德与大胃王 / 斋戒 / 起誓 / 让自己断奶 / 冥想之后 / 在门
外守候的狗 / 你身上发出的光…… / 照顾两家店 / 想象你是一只
飞出悬崖边缘的鹰……

7 神秘谈话：
河边的会晤 / 129

夜里的对话 / 鼠与蛙 / 长绳 / 友谊的力量 / 守夜 / 两个朋友 / 热
爱祷告的仆人 / 万川共流 / 有阻碍的路 / 永恒的对谈 / 故事之间 /
帐篷 / 朋友……聆听诗歌中的存在……

8 日出的红宝石：
当个情人 / 159

红宝石 / 泉水 / 音符 / 花岗岩和酒杯 / 浮力 / 乐师 / 当你在我身
边……乍听到我的初恋故事……我们是镜子……我渴望将你
如琵琶般紧抱……挖洞 / 客栈

9 鹤嘴锄：
挖掘地下的宝藏 / 173

改变 / 审判日 / 解梦 / 鹤嘴锄 / 男子气概的精髓 / 我钦佩那些努
力摒弃谎言的人……托钵僧

10 渴望得到新琴弦：
艺术是对顺服的挑逗 / 185

欧麦尔和老琴师 / 在你的光辉之中……鼓声震天……你钦羡大
海的辽阔吗……

11 风中之蚊：
合一 / 191

风中之蚊 / 请把这图案绣在你的地毯上

12 我何幸有此良师：
谢赫 / 195

鹰嘴豆与厨子的对话 / 我何幸有此良师 / 就像这样 / 蜡 / 形相无处容身 /
老鼠与骆驼 / 跛脚羊

13 体认优雅：
你的理性父亲 / 207

理性父亲 / 一个手艺人从芦苇塘拔出一根芦苇…… / 谦逊而普通的生活并
不会贬损自我……

14 嚎叫的必要：
在软弱中大声呼救 / 211

爱之狗 / 在软弱中大声呼救

15 故事：
粗糙的比喻 / 217

粗糙的比喻 / 鸟翼 / 我会在破晓前到来 / 笨拙的类比 / 两种奔跑 / 做面包

16 三条鱼：
为爱豪赌 / 233

如果你的所求存在于可见的实在世界…… / 拿出一切去为爱豪赌吧…… /
在水流湍急的小溪…… / 三条鱼 / 每当我回忆起你的爱…… / 我们一生都
在互望着对方的脸庞…… / 水的礼物

17 故事：
在巴格达梦见开罗 / 243

在巴格达梦见开罗，在开罗梦见巴格达 / 捕蛇人和冻结的蛇

18 绿穗处处：
跑来跑去的小孩 / 257

过去，我是个腼腆的人……/绿穗/鸟儿的歌声纾解了……/爱之道不在
于……/你分了我的心……/我抓住一块木头……

19 交织：
共同的修炼 / 269

交织/水车/谷仓的地板/关于一头驴的歌/摸象

20 思慕之歌：
私密的修持 / 281

思慕之歌/一篮新鲜面包/独自祷告/包裹自己的人/审慎

21 一个新的章节：
开心果护照 / 293

云朵/一颗成熟的无花果/对问题有了理解/你最初的眼睛/三月/一个
哑巴的实验/拒绝第一盘食物/背痛/恐惧的用处/阿亚兹和三十个朝臣

新版序

本书于一九九五年初版之后取得了热烈的反响，我对此很感激，也很高兴这次再版有机会补入一些从未发表过的作品。我不倦于翻译鲁米的作品。随着我越来越向它的赠赐敞开心扉，它的智慧也源源不断地呈现出来。

对于一见钟情，我们能说的不多。每当这样的事发生，我们就不知不觉进入了一段新的人生。但丁和贝雅特丽齐，鲁米和沙姆斯，都是这样的例子。阿伯里[1]翻译的鲁米作品与我之间的灵魂联结，当然另属一个层次，但我一直好奇第一次读过之后，我的心胸为什么会感到那么开阔，渴求为什么会那么无所顾忌。它也大大拓展了我对诗和生命之可能性的理解。卡尔·荣格会说，我遇到了我的"灵魂"（anima）的一种形式或表达。

之后二十八年，我感受到了沙姆斯狂野的存在。鲁米承认沙姆斯是他称之为《大不里士的沙姆斯作品集》的源泉，那是一本包括

1　英国伊斯兰教研究学者，鲁米诗的另一位英译者。（中译者注）

颂诗和四行诗的大部头诗集。鲁米所探索的爱的奥秘之一是，两个灵魂如何汇流、进一步交融并协同创造。心是一条河流，我感觉到它在他们的友谊中流动。鲁米的颂诗致力于描摹他们的谈话。虽然事隔好几百年，加上因翻译而致的无礼和背叛，这些或忧伤或欢欣的诗歌仍然能够栩栩如生地展现两人的谈话。不管我在一九七六年为何会受到吸引，我的好奇都不是学术性的。对我或大多数读者而言，他的诗从来都不是十三世纪的博物馆奇珍。它们是食物和水，能消解我们身上某个部分的饥渴。你可以称那个部分为灵魂。

我一直对使用"灵魂"和"心"之类的字眼感到不自在，至今仍是如此。它们看起来不精准，带着教会的煽情味道和牧师信口开河的口吻，更不用说它们已经被大众文化稀释了。但现在我感觉自己能说的是那么少，倒不如像摆弄舞台道具那样摆弄它们。我甚至感觉自己慢慢不再排斥那个干巴巴的修饰语"形而上的"（metaphysical）了。不过像"极乐"（bliss）这样的词，例如，用在词组"极乐无忧"（blissed out）中的时候，我仍旧无法容忍。

但"空"（emptiness）的概念却是不同的。鲁米喜爱被洪水冲去一切痕迹的村庄遗址的意象。那是一种让一切变得至关重要的"不在"（absence），一种让每个声音变得分明、裸露和清晰的"不在"。"空"是我们会从一个老蓝调歌手或爵士乐独奏者那里所听到的东西。鲁米将之形容为恋人（lovers）所感受到的孤独和痛苦。他建议多话的人安静下来，倾听空之音。他的诗帮助我们体会生活在废墟中的感觉，体会生活在一无所知的空白状态中的感觉，体会爱某个我们不认识或没见过却极为熟悉的人的感觉。没来由地心碎、流浪、无言、失落和狂喜：这是他的诗所居住的心灵空间。

渴望是"空"的一种形状。鲁米在一首颂诗中形容爱像山涧一样一览无余和川流不息，或像环绕着一间冬日房间移动的阳光。"空"是他的"旋转舞"（sama）带领我们所前往之处，而"旋转舞"是对诗及周遭音乐与运动的聆听。在"旋转舞"中，一个人忆起自我（ego）的消解和心的无所执。鲁米探索了表达这种无以名之状态的很多意象。

鲁米的颂诗所揭示的"虚空"（empty heart）是一种综合性的体验，有着许多的价（valence）：赞美、抱怨、恢宏、顽固、慷慨、璀璨、怨尤、犹豫和合一。一九七六年，这些诗对我来说非常新。它们无意于理解或纪念一个时刻。诗里几乎没有心灵或人格，尽是模糊的、分解性的范式。鲁米的诗活在目的之外，活在时间和空间之外，是一种纯粹的远航。

在发现鲁米后的最初几个月，我上完课后会到佐治亚州雅典市的蓝鸟餐厅喝茶。深秋的午后，我坐在那里改译阿伯里的学院派翻译，这对用理性思考了一整天的我来说是一种解救。鲁米的诗是不可能被阐释的！我喜爱它们不可预测的自发性、在大温柔与大寂寞之间的来回拉扯，它们跳脱出了心理学范畴，在不可言说中从容地漂流。有时，这些诗所写的内容看似发生在一座疯人院的门廊，它们以近乎超人的精力跨越正常的边界。其他时候，它们显得精疲力竭。

没人可以说出这是一份什么样的友谊。在与这些诗的交往中，我听到一个声音，它所说的话与我对失败、欢欣、悲苦和狂喜的了解相似。为什么要谈论鲁米颂诗的内容会那么难？在那些诗里，我感受到了快乐、连续和完整，体验到了晒太阳的单纯性，明白了何谓不找借口和在当下放空。

希伯来语 makom 是指神圣的所在。人是可以活在心灵中的。鲁米的颂诗源自他的心灵，邀我们进入，仿佛那里是内心的银河寝宫。我被它的浩瀚之美所吸引。

因为我们生活在多事之秋，我想再次强调鲁米作为连接各种宗教和文化的桥梁角色。众所周知，在他去世后，各大宗教团体的代表皆参加了他的葬礼。他的存在、诗及其把每个存在和时刻皆视为神圣而加以赞颂的冲动，在过去和现在都充满包容性。"跨宗教"一词不足以表明他的深度。鲁米的诗句源自"中心的明珠"。

每种宗教都有其璀璨的个性，也都具有宝贵的社会功能和灵魂教育的功能。毫无疑问，总有一天我们不会再因为战略不同而相互残杀。但我们得承认，我或各位都不会奢望中东战争（或任何地方的战争）会在我们或我们孙辈的有生之年结束。没有这样的希望。可谁又需要那样的希望呢？让我们继续举着千疮百孔的三角旗前进，它上面没有可辨识的记号。惠特曼曾在《草叶集》的序言中这样写道：

> 不要争论有关上帝的事情……重新检视你从教堂、学校或任何书本中得来的知识，把凡是侮辱你灵魂的东西抛弃……

就大部分有组织的宗教而言，其排他性都是侮辱灵魂的。我们必须有足够开放的心胸，兼纳土著文化和亚伯拉罕系宗教[1]的洞察，同时欣赏临济宗[2]、达摩祖师和梦世纪绘画艺术[3]中的清明。这是约瑟夫·坎

1　指犹太教、基督教和伊斯兰教。（中译者注）
2　日本佛教禅宗三大宗派之一。
3　"梦世纪"故事可追溯至五万年前，在澳大利亚的旷野大地上代代流传到今天。梦世纪绘画艺术是澳大利亚原住民创造的以原始宗教为主题的一种绘画艺术。

贝尔[1]（Joseph Campbell）教给我们的。那种认为鲁米具有疗愈性的普世宽容是"折中"，因而不值一晒的观点，是一种心胸狭窄和学究式的态度。鲁米以"去边界者"的身份在世界宗教中占有一席之地。他是海洋，承认"一"（海水）容纳着众多的海浪（我们的个人境遇）。

神秘主义诗歌可以是一个研究对象，但就本质来说，我们不应在某个文化脉络中对其加以定位和描述。它是一种打开心扉的方法，如同一位苏非[2]大师或任何开悟的人，是通向光芒四射的自我深处的门。

我显然无意把鲁米置于十三世纪的背景中来翻译。那是精细的工作，我也感激那样做的人。我的雄心更大：把他的诗释放出来，还原为本质。

科尔曼·巴克斯
二○○三年十二月十七日
佐治亚州雅典市

---

1 美国知名作家暨比较神话学者。（中译者注）
2 苏非派的导师或徒众，皆可称为苏非。

本书体例

本书的编排方式肯定会让传统的鲁米学者感到困惑。传统学者在为鲁米的作品做分类的时候，通常会把它们分为六大范畴——四行诗、颂诗、律诗、言论集、书信和讲道词，但本书没有采取这样的分类法。人的心灵喜欢归类，鲁米的原创力却是一个源源不绝的活水源头，超出一切形式与心灵的框架之外。

本书依主题把鲁米的诗歌划分为二十一章，但这种分法只是表象。鲁米的诗歌是流动不居的，它们互相渗透，互相启发。究其根本，鲁米的所有诗歌只有一个主题，那就是"万物非主，唯有真主"（La'illaha il'Allahu），他的不同诗歌只是同一主题的不同变奏。同样，本书所加的诗题也只属权宜之举。鲁米诗歌原来都是没有诗题的。他把四行诗与颂诗集称为《大不里士的沙姆斯作品集》，而对自己晚年的六卷巨作，也仅以《玛斯纳维》[1] 名之（他有时又称之为《胡萨姆[2] 之书》）。名

1　关于"玛斯纳维"，详细注释见正文第33页。
2　关于"胡萨姆"，详细注释见正文第31页。

称只是余事。在我们每个人的心中，多少都残留着海洋的回响。而鲁米的诗就像一股带着咸味的海风，吹到内陆来，要唤醒我们对海洋的回忆。

1 酒馆：谁带我来的这里，谁就得带我回家

关于酒馆

酒馆是个丰盛之所：这里不但有各式颜色和味道的美酒可以品尝，还有机智的辩论可以参与、引人入胜的故事可以聆听，以及发自灵魂的歌声可以欣赏。在酒馆里，人们像是被放在酒桶里发酵的葡萄，汁液从身上源源流出，互相浸润对方。这也是两个酩酊大醉的人到后来会不辨彼此的原因。在酒馆这个亢奋迷离、欲望半隐半现的混沌世界里，代名词是派不上用场的。

不过，在酒馆里待上一段时间以后，一个临界点就会到来。这时，人会回忆起另一个所在、思念起自己的源头，于是踏上归途之念油然而生。有经文曰："每个人都处于归途之中。"酒馆如同富丽堂皇的地狱般，人类在其中享乐、受苦，然后出发去寻找真理。酒馆是危险之地，有时伪装是必需的，不过鲁米指出，千万不要隐藏你的心。要始终保持心的开放。到了该分别的时候，灵魂就会吆喝着离开酒馆，走上大街，开始寻觅归途。

凌晨四点，纳西努底恩[1]离开了酒馆，在城中漫无目的地四处

1　中东地区一个以狡黠闻名的人物。（英译者注）

游逛。一个巡警把他叫住，问道："你为什么还在街上游荡？"纳西努底恩回答："先生，我如果知道答案，好几小时之前就已经回家了！"

谁在用我的嘴巴说话

我日念夜想：
我来自何处，来此何为？
我没有头绪。
我的灵魂来自他处，这一点毫无疑问，
既如此，我也打算终老于
我所来之处。

我的醉，始自别处一家酒馆。
回到那里，
我将彻底清醒。
我是来自另一块大陆的鸟，坐困于此鸟笼中，
总有一日，要展翅飞走；但是
现在用我耳朵聆听，
用我嘴巴说话的
是谁？

用我眼睛观看的是谁？那灵魂是谁？
我无法停止诘问。
只要能品尝到丝毫答案，
我便能挣脱此醉之牢笼。
我不是自愿来的这里，我不能那样离去。
谁带我来的这里，谁就得带我回家。

这首诗。我不知道自己打算借它说些什么。

我事前没有构思过。

写完这诗以后，

我变得非常沉默，寡言少语。

❧

我们有一大桶葡萄酒，却没杯子。

棒极了。

每晨，我们两颊飞红一次；

每夜，我们两颊再飞红一次。

他们说我们没有明天。他们说得对。

棒极了。

精神共同体

有一个精神共同体。

加入它，去体会

行走在闹街上的欢愉，

让自己成为喧闹。

饮下你所有的激情，

让自己成为一个无所谓名誉的人。

闭起双眼
以第三只眼睛观物。

伸出双臂，
要是你渴望被拥抱的话。

坐在这个圆圈 [1] 中。

别再像头狼一样，而是去感受
牧羊人倾注于你的爱。

晚上，你的意中人离开了。
别接受安慰。

对食物闭上嘴巴。
用你的嘴巴去体味爱人嘴巴的滋味。

你哀叹："她离开我。""他离开我。"
走了一个会来二十个。

抛开思虑。
想想思虑是谁制造出来的！

1　苏非在纪念真主时，或坐或舞，均会围成圈状。

为何要让自己成为囚徒呢？
当窗开得那么大的时候？

摆脱恐惧的纠缠，
生活在静默之中。

不断不断往下流，
不断不断扩大存在的环。

◗

我的头脑，感觉到一阵奇怪的晕眩，
像飞翔的鸟儿，
各各绕着圆圈在盘旋。
我的意中人，是不是无处不在的呢？

◗

醉汉怕警察
但警察也醉意醺醺。

这镇里的人既爱醉汉也爱警察：
爱他们，
如同爱两枚不同的棋子。

孩子的游戏

谛听诗人萨纳依[1]所言：
"当你酒醉狂喜之时，
不要到街上游荡，就睡在酒馆中吧。"

流连街上的醉汉，
会被小孩子取笑。
他摔倒在泥泞中。
不论他往哪个方向走，
都有成群的小孩尾随身后。这些小孩
不懂得酒的滋味，也不明白
醉的美妙。生活在这个星球上的人
全是小孩，只有极少的例外。
除非他们能摆脱欲望的束缚，否则
不会有长大的一天。

真主说：
"世界是一场玩耍，
一场孩子的游戏，
而你们就是孩子。"
真主一语中的。

1　波斯苏非派神秘主义诗人，其代表作《真理花园》被视为苏非神秘主义的精髓。鲁米受他影响很大。

如果你们不摆脱孩子的游戏，
怎能指望成为大人？
如果没有精神的纯净，
如果仍生活在色欲、贪婪
与其他的想望中，你们不过是
玩性交游戏的小孩。
你们的肢体彼此扭结纠缠，
但那不是什么真正的性爱！

战争也是这么一回事。
你们拿着玩具刀剑争斗不休，
毫无目的，纯粹在虚耗力气。

士兵们声称他们骑的是穆罕默德的夜行神驹，
他的骡子，
其实，他们不过是一群骑着玩具马的小孩。

你们的行为，不管是性还是战争，皆无意义可言。
你们不过是在拽着裤子，双腾跳跃，
嗒嗒嗒，嗒嗒嗒。

不要到断气前才恍然大悟。
要知道，你们的想象、思考和感官，
不过是
小孩砍下来当成马骑的芦茎罢了。

去认识那些神秘的恋人就不同了。
经验、感官的科学，
像背满书本的驴子，
又像妇人脸上的脂粉，
水一冲就流失了。

不过，如能用适当的方式背负行囊，
你将获得快乐。
不要为某些私己的理由而背负知识。
拒斥情欲和想望，
你的胯下就会出现一匹骏马。

不要满足于念诵"他"[1]这个字。
感受那气息。
书本与文字能带来妙悟，
而妙悟有时能带来合一。

▸

全都消失了，里里外外，
不再有月亮、地面或天空。
不要再把酒杯递给我。
直接把酒倒进我嘴里来吧！
我已经不知自己的嘴在哪里了。

1　苏非派在礼拜时常念诵真主的代名词"他"（Hu）。（中译者注）

▶

我们啜饮的酒，其实就是我们自身的血液。
我们的身体在酒桶里发酵。
我们给万物都倒上一杯。
我们也给自己的心灵啜饮一口。

许多的酒

真主赐给我们一杯黑色的酒，
酒那般浓烈，饮下之后，
我们离开了两个世界。

真主赋予哈希什[1]一种力量
让品尝者得以忘却自我。

真主创造睡眠，让我们
拭去一切思绪。

---

1 一种由大麻提炼的麻醉药品。

真主让马杰侬如此爱莱拉[1]，
以至于只有她的狗能让他分神。

有千百种酒，
可以让我们心醉神迷。

但不要以为所有狂喜
都一模一样！

尔撒[2]沉醉在对真主的爱恋中，
但他的驴子，则沉醉在大麦中。

从圣徒的存在中啜饮，
不要从其他坛子中取酒。

每一物，每一存在，
都是一口充满欢娱的坛子。

当个鉴赏家，
谨慎地品尝。

什么酒都可以让人兴致昂扬。

1　莱拉和马杰侬的故事是流传于整个伊斯兰世界的著名爱情故事，类似于中国的梁山伯与祝英台的故事。（中译者注）
2　古代先知，被认为是基督教中的耶稣基督。

像个国王一样细心判断，选择最纯净、
没有掺杂恐惧和迫切的酒。

啜饮那可以感动你的酒，
啜饮那可以让你
像头无拘无束的骆驼一样信步缓行的酒。

特别的菜肴

注意每粒微尘的移动。
注意每个刚抵达的旅人。
注意他们每人都想点不同的菜。
注意星怎样沉、日怎样升，所有河溪怎样
共奔大海。

看厨师怎样按客人的不同需要，
准备特别的菜肴。
看这个能容纳大海的杯子。
看那些总是直视着你的人。
透过沙姆斯的眼睛，看满是珍珠的河水。

烤焦的卡博串 [1]

去年，我向往美酒。
今年，我在红色液体的世界里遨游。

去年，我凝视火焰。
今年，我就是烤焦的卡博串。

口渴把我推向水中，
我在那里畅饮月影。

如今我是一头昂首挺胸的雄狮，全然
沉醉在对物本身的爱恋中。

不要问关于思念的问题。
直视我的脸。

灵魂醉了，身体坏了，
它们无助地同坐在一辆破车中，
谁也不懂得修车的方法。

我的心啊，我要说，
它更像一头陷在泥淖中的驴子，

1　起源于中东的食物，类似于街头的新疆烤羊肉串。

死命挣扎，却愈陷愈深。

听我奉劝一言：暂时
抛却忧伤，谛听福佑
如何丰盛地掉落在
你的周身。

新规则

旧规则是：喝醉的人喜欢争辩，
继而动粗。
心有所恋的人一样糟。他掉入一个洞中。
但在洞底，他却找到一样金光闪亮的东西，
价值超过任何财宝与权力。

昨夜，月之薄纱轻披在街道上。
我把这当成一个叫我歌唱的信号。
我的歌声响彻天穹。
天穹破开，万物散落各处。
再没别的事可做了。

这里有一条新规则：把玻璃酒杯摔碎，
堕入吹玻璃工的气息中。

▶

这颗心
饱受摧残，疲惫不堪，
像个疯子一样被各种束缚折磨。
但你却为了品尝蚌肉，
不惜一再敲破蚌壳！

2 困惑：我有五事相告

关于困惑

在自我消解[1]的边缘，似乎存在着一个甜美的混沌领域。身处其中的人，能感受到自己同时存在于不同的地方，说着不同的话。这些话语模糊、脆弱，近乎虚无。一种深邃的无知让一切寻常、镇静的行为显得不正常！

鲁米的诗不像一片被精心修剪过的波斯小花园，而诚如学者安娜玛丽·席梅尔[2]所言，像一幅土库曼风格的画作，其中充满奇花异树、不连贯的情节、精灵和会说话的动物。

1　Fana，一译寂灭，人扬弃自我，与真主合一的境界。
2　一位有影响力的德国东方主义学者，曾就伊斯兰教和苏非派写了大量作品。

我有五事相告

醒来的人直对着他的爱人说：
"你是我心绪盘旋的长空，
是爱中之爱，是我的复活之地。

"且让这扇窗当你的耳吧，
只因渴望你倾听时的静默，
和令人精神一振的笑靥，
我不止一次沉醉其中。

"你专注，巨细靡遗，
我多疑，无边无际。

"你明知我的硬币是赝品，
但仍欣然接受
我的厚颜和虚饰！

"我有五事相告，
每件事对应于一根手指。

"第一，当我离开了你，
这个世界就不复存在，
也不会有其他世界存在。

"第二，上上下下里里外外，
我寻索的
始终是你。

"第三，我何苦学会数到三？

"第四，我的玉米地正在燃烧。

"第五，这根手指代表拉比耶[1]，
换言之代表另一个人。
但有什么分别呢？

"这些是话，还是泪？
悲泣也是一种演说吗？
我该做什么好，我的爱？"

他如是说着，周遭的人
开始随着他大喊、狂笑，
在爱者与被爱者的合一里悲叹。

这才是真正的宗教，其余的
不过是散落的镣铐。

这是奴役与自由的共舞。

---

1 Rabia，一位女苏非。

这是非存在。

没有任何词语或自然之物，
足以阐明个中奥妙。

我认得这些舞者。
日日夜夜，我哼唱他们的歌，
在这现象界的牢笼里。

我的灵魂啊，别急着回答问题。
找个朋友，然后隐藏起来。

但什么东西可以永远隐藏呢？
爱的奥秘总是不断
从遮蔽中探出头来，喊道：
"我在这儿！"

无助

这就是你期待的奇迹征兆：
你竟夜哀哭，清晨醒来，犹喃喃自问；
你的想望落空，天地昏暗，
脖子瘦若纺锤；

你付出一切，却没有回报；
你牺牲了所有家当、睡眠、健康和脑力；
你经常如沉香木般身陷火堆，或
如破旧的盔甲与刀剑遭遇。

当无助感成为习惯，
那些便是征兆。

然而，你却来回奔跑，
逼视每一个旅人的脸孔，
指望听出什么不寻常。
"你为何像个疯子般盯着我看？"
我有一个朋友不见了，请原谅我的无礼。

这样的寻索不会徒劳。
总有一天，一位骑士会抱住你。
你因兴奋而昏厥，口中咕噜乱语。
无知的人会说："他是冒牌货。"
他们如何得知？
海水漫过搁浅的鱼，这水
便是我方才提及的征兆。

原谅我的离题。
试问，在鹧鸪和乌鸦的啼唱中
细数花园里有多少树叶的人，
谁又是有条有理的呢？

有时条理
和计算反而荒谬。

萨拉丁[1] 的乞钵

在这两千个自称"我"和"我们"的人之中，
哪一个才是我？

别阻止我追问下去！
当我如此失控之时，你最好听好！
别放置任何易碎之物挡我的路！

我体内有个原型。
它是一面镜子，你的镜子。

你快乐，我也会快乐。
你愁苦、怨恨，或者从容，
我也会有这些特质。

我像绿茵地上柏树的影子，
与柏树须臾不离。

---

1 埃及阿尤布王朝开国君主。

我像玫瑰的影子，
永远守在玫瑰近旁。

一旦离开了你，
我就会变为一片棘刺。

每一秒钟，我饮自己的血酒一杯。
每一瞬间，我将空杯掷向你的门。

我伸出双臂，企盼你将我的胸膛撕开。

慷慨的萨拉丁
在我胸前点燃一支蜡烛。
那我到底是谁？
我是他空空如也的乞钵。

▶

深夜，我独自晃荡在自我的小舟中，
极目不见一块陆地，或一点光亮，
云层厚积。我努力让自己
浮在水面之上，没意识到我早已是
水中之民。

日落有时肖似日出，
你能辨识出真爱的面目吗？

你在哭。你说你焚烧了自己。
但你可曾想过，谁不是烟雾缭绕？

成为融化的雪

全然清醒、毫无目的地，你来找我。
"有人在吗？"我问。
"月亮。满月在你的家中。"

我和朋友奔上街。
一个声音从我们身后的屋内传来：
"我在这儿。"但我们没有留心听。
我们仰视天空。
我的宠物夜莺在庭园里啜泣如醉汉。
斑鸠低声咕哝着："就在那儿。就在那儿。"
时值夜半，家家户户从床上爬起来，
夺门而出，在街上狐疑：那夜贼是不是又回来了？

真正的夜贼混在人群中高呼：
"没错，那夜贼又回来了，
他就藏匿在这人群中。"
没人注意到他。

"真主，我永远与你同在。"
这表示，当你寻索真主的时候，
他就存在于你张望的眼睛里，
存在于你寻索的意念里。他比你自己更接近你，
根本无须外求。

成为融化的雪吧。
用你自己洗涤自己。

一朵白花在寂静中绽放。
让你的舌成为那朵花。

易碎的小瓶

我需要一张像天空一样宽广的嘴，
一种如思念一样绵长的语言，
才能道出一个真正的人的本质。

我内心那个易碎的小瓶经常破碎。
难怪我会发疯，而且每月
随月亮一起消失三天。

每一个爱你的人，
都会在你消失不见的那几天爱上你。

我已找不到我故事的主线。
我的大象再一次在梦中漫游于印度斯坦[1]。
叙事的，诗意的，被毁灭的，我的身体
消融，又回归。

朋友，为了试着述说你的故事，
我已蜷缩成一根头发。
你愿意说说我的吗？
我杜撰了那么多爱情故事。
如今，我觉得自己也是虚构的。
告诉我！
真相是，说话的人是你，不是我。
我是西奈山[2]，而你是朝着我走来的穆萨[3]。
这首诗只是你话语的回音。
一块土地不可能会说话，也不可能知道任何事！

---

1 印度的波斯语称呼。
2 伊斯兰教古圣迹之一，亦称穆萨山。
3 《古兰经》人物，"安拉的代言人"，被认为是《圣经》中的摩西。

即使它能，也极有限。

身体是一件仪器，用以测量
精神的天文学。
透过这星盘来观测，
让自己变得如海洋般浩瀚。

为什么说到这儿来了？
这不是我的错。
是你造成的。
你是否认同我的爱之疯癫？

说"认同"。
你将使用何种语言？阿拉伯语、波斯语，
还是什么？再一次，我必须被绑缚。
把你那卷曲的发绳拿过来吧。
现在我记起自己的故事来了。

一个真正的人注视着他的旧鞋和羊皮袄。
每天，他都会爬上小阁楼，
看看他的工作鞋和磨旧了的外套。
这是他的智慧：一再用最初的泥土[1]
提醒自己，
免得昏醉于自我和傲慢。

---

1 意指真主由泥土创造了人类。《古兰经》第 23 章 12 节："我确已用泥土的精华创造人。"

探望鞋子和皮袄，
是一种赞颂。

真主从无中造物，
作坊和材料
本不存在。

试着当一张空白的纸。
一方没有植物生长的土地，
也许，将来会有些东西在此蓬勃生长；
也许，是一颗来自真主的种子。

我们在哪里

一只无形的鸟飞过，
投下一闪即逝的影子。

那是什么？是你爱的影子
的影子，却包含了
整个宇宙。

有个人在沉睡，
不过，他体内却有某物灿烂如太阳，

像裙裾上华美的流苏。

他在被褥下辗转反侧。
任何意象都是谎言：

一块晶莹的红色石头滋味甜美。
你亲吻一张美丽的嘴，一把钥匙
插入你的恐惧之锁。

一个如利刃一般的句子。
一只母鸽寻找它的巢，
不停地问："在哪里，咕？在哪里，咕？"

哪里是狮子伏躺的所在？
哪里是男男女女哭泣的所在？
哪里是病人渴望康复的所在？

织布的梭子来回抽动，
一会儿西，一会儿东，
边织边问："我们在哪儿？嘛咕？嘛咕？"
仿佛太阳一边问"我们在哪里？"，
一边东升西落。

▶

在你的身体里有一颗光的种子。

你必须用自己去浇灌它，否则它就会死亡。

我被这个卷曲的力量束缚！你的秀发！
镇静和明理的人才不正常！

◗

你以为我知道自己正在干什么吗？
我可有一刹那是属于自己的？
我不知道自己正在干什么，
正如笔不知它正在写什么，
或球猜不到它将落向何处。

3 夜气：虚空与静默

关于静默

波斯诗人通常都会在诗末署上自己的名字，但鲁米却喜欢署上他朋友沙姆斯的名字（有一千多首诗署的是这个名字）或以"静默"一词作结。那是因为，他认为沙姆斯或静默才是其诗歌的真正作者，结尾的虚空也是诗歌的一部分。有五百首颂诗以"克木舒"（静默）结尾。鲁米对语言本身的兴趣不大，让他真正感兴趣的是语言的根源。他经常询问胡萨姆[1]："谁作了这首曲？"有时，他会把诗稿交给那位无形的芦笛手吹奏，并表示："让他来完成这首诗吧。"鲁米认为文字本身并不重要，重要的在于它可以充当一个引起共鸣的共鸣器。鲁米有一整套以芦笛（ney）为喻的语言理论。我们的所有言说，正如芦笛所吹奏出的每个音符，都蕴含着对芦塘的思念。只有当我们是虚空的，只有当我们与根源分离，语言和音乐才可能存在。所有的语言都寄托着思乡之念。鲁米常常纳闷：为

1　胡萨姆·切列比是鲁米的抄写员，鲁米把整部《玛斯纳维》题献给他。但胡萨姆绝不只是个秘书。鲁米说胡萨姆是诗句的来源，称自己只是笛子，胡萨姆是吹笛人和气息，《玛斯纳维》是笛曲。胡萨姆是沙姆斯的学生。所以，正是透过胡萨姆，被爱者的声音可得而闻。鲁米指出胡萨姆属于不满足于静默谛观，还必须表达所知的一类圣者。（英译者注）

什么就没有一个乐音，是用来赞颂那些乐器匠人的呢？若不是拜他们的技艺所赐，一节平平无奇的芦苇茎又怎么会变成芦笛，变成有九个孔的精密人类化身呢?！

芦笛之歌 [1]

请倾听芦笛所诉说的这个
关于分离的故事。

"自从有人把我生生地从芦塘砍下，
我就有了一副悲哀的嗓子。

"任何曾被迫与爱人分离的人，
都会理解我的哀怨。

"任何曾被迫和根源分离的人，
莫不企盼着归根。

1　这首诗采用了《玛斯纳维》的形式，即押韵对句。有一天，胡萨姆与鲁米走在梅拉姆
的花园里。胡萨姆建议鲁米以押韵对句的形式作一首诗，于是，鲁米从头巾上取出他已
写好的《芦笛之歌》的头十八行。原来那深邃、具有同步性和合作性的对句创作已经开
始！席梅尔对鲁米与胡萨姆创作六卷《玛斯纳维》那十二年间的合作有一个漂亮意象。她
把它比作"经学院"（medrese），即一个托钵僧学问社群，特别是卡拉塔伊中心（Qaratay
center）。该中心是在鲁米开始创作《玛斯纳维》前的好几年落成的。其内部的墙壁和天
花板布满盘旋曲折的库法体（Kufic script）书法，这种书法非常复杂，只有受过启蒙的人
方能解读。整座建筑的设计把人的注意力引向一个圆顶，镶嵌的图案被改成了星星。"眼
睛到处游移，找不到开端与终点"，直至抵达最高处。那是一个开口，穿过它可以看见晚
上的星星，而星星也会倒映在地面中央的小池塘里。浓密得无法形容，纵横交织，以《古
兰经》为基础，无边无际，中心却被星光熠熠和小池塘般的透明性包围：这就是《玛斯
纳维》给人的感觉。卡拉塔伊中心的聚会厅（今日在科尼亚仍然可以参观）是个贴切的比
喻。鲁米所有的诗都是在与一个社群或在社群之内交流，是超越时间与空间的神秘谈话
（sohbet）。（英译者注）

"我在每个聚会上，
都能融入其中，不论欢笑还是悲伤。

"宾客都爱与我为友，只是很少有人
听得出隐藏在我音符里的秘密。

"没那样的知音。
躯体从灵魂流出，

"灵魂从躯体中升起：这融合
无所遁形。但那并未使我们

"得见灵魂。芦笛
是火，不是风。成为那虚空吧。"

听爱的火舌缠绕
在芦笛的音符里，如困惑

融入醇酒。芦笛是所有渴望
这层隔膜被撕开者的朋友。

芦笛是伤口
和药膏的组合，亲密

和对亲密的渴望，
是同一首歌。毁灭性的屈服

与优美的爱情，同在。不论谁
私下听到芦笛之歌，都会不知所云。

舌头有位顾客：耳朵。
蔗秆笛有此妙用

因它能在芦塘
制糖。它奏出的乐音

属于所有人。被欲望填满的日子，
让它们去吧，无须烦忧。

就停在原处，
停在一个纯净、空灵的音符里。

凡口渴的人都得到了满足，
唯独那些鱼，那些神秘主义者例外。

它们悠游于无边的恩典之海里，
却仍不断地渴望着它！

没有一个住在里面的人，
不日夜蒙受滋养。

但若有人不愿聆听
芦笛之歌，

那最好还是长话短说，
道声再见，安静离开。

口渴的鱼

我尚未厌倦于你。你也别厌倦
怜悯于我！

所有止渴的容器，
水壶、水桶
必定开始厌倦我了。

我体内有一尾口渴的鱼，
它有着
永不餍足的口渴！

指引我通往大海吧！
把这些充数的、齐喑的容器
通通打碎。

所有这些绮想
和忧伤。

且让我的房子浸泡在
昨夜庭院外涨起的潮水里，
那藏在我胸膛中央的潮水里。

优素福[1]像月亮般跌入我的井里。
我期盼的丰收全被冲走了。
但不打紧。

一把火自我的墓碑蹿起。
我不想要什么学识、尊严
或尊重。

我只喜欢这乐曲、这黎明
和你贴着我的温热脸颊。

悲伤的人群慢慢聚集，
但我不打算和他们同行。

每次写完一首诗
结果都一样：

无边的寂静向我袭来，
令我狐疑，我搬弄语言何为。

---

1 《古兰经》人物，多被认为即《圣经》中的约瑟。

我的话尽意了吗

世界的一部分怎离得开世界？
湿气怎离得开水？

别试着以火灭火！
别试着以鲜血清洗伤口！

你跑得愈快，
影子跟得愈紧。
有时，它还会跑在你的前头呢！

只有日正当中的太阳，
才能让影子消退。

但那影子一直都在服侍着你呢！
伤害你的，也必护佑着你。
黑暗就是你的蜡烛。
你的边界，就是你追寻的起点。

个中道理，我可以解释，但它会打碎
包裹着你心灵的玻璃罩，
让它再也无法复原。

你必须同时拥有阴影和光明。

听我说，躺在那棵敬畏之树下。
当你起身，你的羽翼
将变得丰满。请像鸽子一样安静，
别张嘴，哪怕是一声咕咕。

当青蛙跳进水里，蛇
就逮它不到。当青蛙爬上陆地，
呱呱叫唤，蛇就会闻声而至。

即便青蛙学会假装咝咝吐芯，
蛇仍然可以发现破绽。

如果青蛙能全然缄默，
那么，蛇就会乖乖地回洞里睡觉，
青蛙就能安抵它的大麦。

灵魂无声无息地栖息在那里。

大麦的种子就是这样：
当你把它丢到土里，
它就会萌芽生长。
我的话尽意了吗？
还是，我得从中挤出更多的汁液来？
我是谁，我的朋友？

世界由我们对虚空的爱所创造

讴歌那把我们的存在抹去的虚空吧。
存在原生长自我们对虚空的爱，
但不知怎的，虚空一来，
存在就消失了。
为此讴歌吧，一次又一次！

几年来，我努力将自己的存在从虚空中抽离。
但突然，手一松，
我放弃了努力。
无我，无存有，无惊恐，无希望，
无堆积如山的欲望。

此时此地，这座高山
变成了一根小小的稻草，
被吹进了虚空。

存在、虚空、高山、稻草：
这些我一再提及的字眼开始丧失意义。
它们像垃圾一样，被横扫
到了窗外，掉落在斜面屋顶。

静

在这新生的爱中，死去。
你的路在另一边豁然开朗。
转为长空。
拿一把斧头砍向牢房的墙壁。
逃。
走出去，像个焕然一新的人。
立刻行动。
你被厚厚的云层遮盖了，
从边缘突围。死去吧，
静静地。安静是
死亡最明确无疑的表征。
你的前定从寂静中疯狂地逃离。

无言的满月
这时出来了。

方熄的烛火

蜡烛存在是为了全然地燃烧。
熄灭那一刻，

它的影子不复存在。

它不过是光的口舌，
述说着一处安全的所在。

看看这方熄的蜡烛残芯，
它就像是某个
从善与恶、荣与辱的对立中
安全逃出的人。

手艺和虚空

为了磨炼手艺，
每个工匠莫不致力于寻找不在之物。

建筑工会寻找坍塌屋顶上的朽洞。
汲水工会拿起空罐。
木匠会在无门的屋前驻足。

工匠莫不奔向虚空，之后再把它填满。
不过，他们的希望正在于
虚空。因此，你根本不用回避它。
它包含着你需要的东西。

亲爱的灵魂，如若你不与
内在的巨大虚空为友，
又何故要不断将你的网
撒向它，并且静静地等待？

这无形的大海赐予你如此的丰盈，
为你提供滋养和工作，
你竟还称它为"死亡"。

真主默许一些神奇的倒错发生，
所以，你才会误把蝎子洞
当成渴望的对象，
又把洞边美妙宽敞的空间，
看成毒蛇麇集的险地。

你对死亡和虚空的恐惧
多么奇怪！
你对欲望的执念
何其诡异！

亲爱的朋友，听了我的忠告后，
也请来听听
阿塔尔[1]就同一主题
所述说的故事：

1　十二世纪的波斯诗人，苏非主义理论学家。

马哈茂德王[1]收养了一个印度男孩为义子，
让他受教育，给他皇族的恩宠。
之后，又封他为摄政王，让他
高坐在自己身旁的黄金座上。

一天，他发现这个年轻人在饮泣。
"你为什么哀哭？你是帝王的
伙伴！整个王国展现
在你眼前，如听命于你的群星。"

青年回道："我想起
我的父母，以及他们
从前如何以你之名吓唬我！
'哦，他要去马哈茂德王的宫廷呢，
没有比那里更可怕的地方了！'
要是他们看到我住在这里，
不知会做何感想！"

这是个关于害怕改变的故事。
你就是那个印度男孩。而马哈茂德王
就是虚空。

父母是你对信仰、血缘、
欲望和舒适习惯

1　奥斯曼帝国第三十任苏丹。

的执着。

别听父母说的话！
他们看似在保护你，
实则是在囚禁你。

他们是你最顽强的敌人。
他们使你害怕
生活在虚空中。

有一天，你将因回想起父母的误判，
而在宫廷里喜极而泣。

要知道，你的身体虽然滋养你的灵魂，
助它成长，到头来却又给它错误的建议。

这具身体，最终会变成
太平岁月的锁子甲，
夏天过热，冬天过冷。

但身体的欲望，从另一方面来看，
像个阴晴不定的伙伴，你必须
耐心以待。这种耐心会为你带来裨益。
它能扩大你的爱心，
让你感受平和。

玫瑰因有耐心与刺为伴，
才得以保有芬芳。
公驼因为主人喂奶的耐心，
才得以活到第三年。
耐心也正是穆罕默德向我们展示的美德。

衬衫之美
在于它包含着缝制者的耐心。

友谊和忠诚
也以耐心作为联结的力量。

如果你自感孤独和卑微，那表示
你还不是个有耐性的人。

如同蜂蜜与牛奶交融，
和那些与真主朝夕相处的人为伍，说：

"任何来去不定，起落无常者，
非吾所钟爱。"

与穆罕默德的创造者看齐，
否则，你将像商旅的营火一般，
在路边孤独地
燃成灰烬。

虚空

且观照真主的行为
与我们的行为
有何不同。

我们常问："你为何这么做？"
或"我为何这么做？"

我们的确是行动者，但我们的每个行动，
皆是真主的创造。

我们回首生命中的
大小事件，并加以分析。
但还有另一种认识的方式，
一种回顾与前瞻同时进行的方式，
它非理性所能明悉。

只有真主能完全明白其意义。
晒依塔乃[1]指责真主："是你让我堕落。"
而阿丹[2]却向真主俯首悔罪："是我们自己作孽。"
真主问阿丹："既然万事都在我的预知中，

---

1 《古兰经》传说中的恶魔，基督教传统译为"撒旦"。
2 《古兰经》中对人类始祖的称呼，基督教传统译为"亚当"。

你为何不以此为自己辩解？"

阿丹回道："因我敬畏，
而且我想当个虔诚的人。"

行事尊重的人，会得到尊重。
带来甜点的人，会得到杏仁蛋糕的招待。
好女人会被好男人吸引。

善待你的朋友，
或粗暴地对待他，
看看后果会怎样！

我的爱，请你举个实例
以澄清这个谜团：
我们的行动如何能
既自由又有必要？
你一只手因瘫痪而颤抖，
另一只因掌掴别人而颤抖。

两种颤抖都来自真主，
但你却会为其一感到歉疚。
那另外一种呢？

这些都是智性问题。
精神以不同的方式

接近物质。欧麦尔[1]曾经
有一个科学家朋友，哈卡姆。
他能完美地解决实际问题，但
他却无法跟随欧麦尔
抵达启迪和奇迹之境。

经上说："不论你往何处去，
他都在你左右。"[2]但我何曾离开过！
无知是真主的牢狱。
智慧是真主的殿堂。

我们沉睡在真主的无意识中。
我们苏醒在真主张开的臂膀中。

我们的哭，是真主的雨。
我们的笑，是真主的闪电。

战争与和平，
两者都在真主的掌控中。

那么，我们是谁？
这纠结万端的世界，

1　伊斯兰教历史上的第二任哈里发（634—644），穆罕默德的岳父。
2　原文出自《古兰经》第2章115节："东方和西方都是真主的；无论你们转向哪方，那里就是真主的方向。真主确是宽大的，确是全知的。"

难道不就是以安拉
为起点的一条单一直线吗？

我们是谁？
是无。
是空。

▶

当你离开我，与众人为伍，
你将孑然一身。
当你远离众人，靠近我，
你将与众人为伍。
与其被众人所束缚，
不如成为众人。
当你成为多，你就是无。
是空。

没有旗子

我以前希望有人来买我的话语，
现在我倒希望有人将我从我的话语中买走。

我曾塑造了无数动人而深邃的意象，
易卜拉欣[1]，以及易卜拉欣的父亲阿宰尔，
后者也以圣像众多而著称。

如今，我已厌倦这工作。

突然一个没有形式的意象翩然降临，
我就放手了。

另外找个人来看店吧。
我已离开塑造意象的行业了。

终于，我体会到
疯狂的自由。

一个不请自来的意象叩门，我尖叫：
"滚开！"它立刻分崩离析。

只剩下爱。
只剩下旗子的基座和风。
没有旗子。

---

1 伊斯兰教先知，基督教传统译为"亚伯拉罕"。

粮袋

一天，一位苏非
看到一只空粮袋挂在钉子上。
他开始扭动身体，撕扯自己的衣服，并喊道：
"这是为不需要粮食者准备的粮食！
是饥饿者的解药！"

他情绪继续高涨，其他人陆续加入，
在爱之火中呐喊和呢喃。

一个闲人从旁经过，随口说道："这不过是个空袋子。"

苏非说："走开，你的所求和我们不一样。
你不是一个爱者。"

爱者的食粮，是爱，
不是面包。没有任何爱者，
爱的是实际的存在物。

爱者和实际的存在无涉。
他们没有资本，净收利息。

他们没有翅膀，却能飞遍世界。
他们没有手，却能在田野中捡拾马球。

那托钵僧化到现实的讪笑，
如今他编织着盛满纯净目光的竹篮。

爱者在乌有之乡扎营。
他们和那片田野有着一样的颜色。

襁褓中的婴儿不懂烤肉的味道。
对灵魂而言，无味就是美味。

尼罗河在埃及人眼中红似血，
在以色列人眼中清似水。
某个人的高速路，可能是另一人的灾难。

夜气

一位老人躺在病榻，交代
如何给三个儿子分配财产。
他已为这些儿子付出所有心力。
现在，他们像柏树一般围立在他身旁，
安静而坚强。
他交代镇上的法官：
"他们之中谁最懒惰，
就把所有遗产给谁。"

说完他就去了。法官转向三个儿子：
"你们必须陈述你们的懒，
让我可做判断。"

若论懒，神秘主义者无疑是专家。
他们仰赖于懒，只是看着真主忙来忙去！
他们从未播种耕耘，却能源源不断地收获。

"来吧，说说你们怎么个懒法。"

每个发自口中的字词，
都是对内在自我的掩饰。
比一片烤肉大不了多少的窗帘，
可以透露出数百个太阳爆炸的秘密。
即使微不足道乃至错误的话语，
听者仍可听出端倪。

闻闻
一阵从花园吹来的微风，跟一阵
从垃圾堆吹来的微风，味道
可有不同；
听听
狐狸和狮子的声音
一不一样！

倾听某人说话，就像打开一个锅盖，

你将得知晚餐的内容。不过有人
仅凭气味就能区分甜炖菜和酸汤。

买陶罐之前，顾客敲一敲，
便知有无裂隙。

老大告诉法官：
"我能听声识人；
如果对方一语不发，
我会静候三天，然后，
我就能以直觉判定他的为人。"

老二说："他一说话，我就知其为人；
如果他不吭声，我就与他搭讪。"

"如果他识破你的伎俩呢？"法官问。

这使我想起一位母亲，她这样教孩子：
"当你在夜晚走过坟场，
碰到鬼魂，你朝他跑过去，
他就会跑开。"

但孩子却反问妈妈：
"要是鬼魂的妈妈也这样教他怎么办？
鬼魂也有妈妈呀。"

老二无话可答。

法官接着问老三：
"如果有个人硬是不吐一字，
你会用什么方法探知他的性情？"

"我会静静地坐在他面前，
立起一把耐心之梯。
若在他面前，
有任何超越悲喜的言语自我胸中涌起，
我将得知，他的灵魂深邃而明亮，
一如在也门上空划过的老人星。

"于是，一旦我开口，一串坚实有力的话语
就会滔滔而来。
我从我说话的内容和方式了解他，
因为我们之间开着
一扇窗，交流着我俩存在之夜气。"

显然，老三是
兄弟中最懒的一个。他赢了。

◗

声音和存在之间有一条通道，
信息在其中流动。

在自律的静默中，它会开启；

在不着边际的闲谈中，它会关闭。

4 春之晕眩：伫立在朝气勃勃的气息中

关于春之晕眩

唯一与春天合拍的存在方式，看来只有狂喜。任何其他的方式都与这个宜于灵魂生长的季节不搭调。歌声、轻盈的静谧、活泼的对话流淌在各种植物之间。在波斯、土耳其和美国南部，春天是一个极度烂漫的季节，天、地与舒展于其间的万物，都消融在强烈如酒的春意中。在这些福地，与其说春天是和谐的隐喻，不如说春天就是和谐本身。而对神秘主义者来说，内心世界就是一个涵盖宇宙万有的春。

春天

再一次，紫罗兰向百合鞠躬；
再一次，玫瑰脱下她的晚礼服！

绿意盎然的植物，从另一世界
步履踉跄地走来。

再一次，在山顶附近，
白头翁绽放出甜美的容颜。

风信子向茉莉问安：
"愿平安与你同在。"
"我也愿你平安，老朋友！
请与我一起在草地上散步。"

再一次，众苏非漫山遍野。

花蕾羞答答的，风却出其不意地
揭开她的面纱说："嘿，老友！"

这里的朋友，就像水之于溪，
莲之于水。

水仙向紫藤眨眼说：

"你说什么时候就什么时候。"

丁香对柳树说："你就是我梦寐以求的寄托者。"
柳树回答说："欢迎你把我身上的孔洞视为自己的家！"

苹果问橘子："为什么你要皱眉？"
"为了不让那些想伤害我的人
看出我的美。"

斑鸠飞过来问："在哪里，
朋友在哪里？"

夜莺用一个音符暗示
玫瑰。

再一次，春之季节又来了，
生之泉源自万物之下涌出。

天色已晚，许多该谈的话还来不及谈。
没关系，今夜来不及，
还有明天。

乐音处处的所在

不用担心这些乐音无可收藏！
即使我们的一件乐器坏了，
也不必介怀。

我们所堕入的，
是个乐音处处的所在。
即使全世界的竖琴尽皆焚毁，
仍然会有没被发现的乐器在弹奏。

就好比烛光闪烁又熄灭，
我们仍有燧石和火种。

歌唱的艺术恰似海面的泡沫。
那优雅的舒卷源自
海底某处的一颗珍珠。

诗歌像浪花一样
沿着海岸卷起！

它们来自一个
我们看不见的
缓慢而有力的源泉。

别再说话。
打开你胸膛中央的窗户，
一任精神飞腾而出。

大马车

当我看到你的容颜，石头开始旋转。
当你显现，所有书本中的学问变得虚浮。
我失去了依恃。

水滴变成了珍珠。
火苗渐熄，失去破坏力。

在你的显现中，我不再向往
我过去自以为向往的东西：
那三盏小小的挂灯。

在你的容颜中，古代的手卷
像锈迹斑驳的镜子。
你呼吸；新的形相显现，
春天犹如一架大马车，
开始转动，
欲望的音乐到处传播。

开慢一点。
走在旁边的，有一些
可是跛脚的呢！

▶

今天，就和平常的每一天一样，
我们带着空虚与恐惧醒来。
不要打开书房的门
开始阅读。拿一件乐器来弹奏吧。

让我们热爱的美成为我们所做的事情。
有千百种俯吻大地的方式。

▶

在是非对错之外，
有一片田野。我在那里等你。

当灵魂躺卧在那片青草地上时，
世界的丰盛，远超出能言的范围。
观念、言语，甚至像"你我"这样的词语，
都变得毫无意义。

▶

破晓的微风有秘密要告诉你。

不要回去睡觉。

你必须开口要求你真正渴望得到的东西。

不要回去睡觉。

人们穿梭于两个世界接壤的

那道门槛。

那门是圆的，而且开着。

不要回去睡觉。

▶

我渴望吻你。

"要吻我，你得付出生命作为代价。"

我的爱意奔向我的生命，喊道：

"多划算，让我们把那吻买下来吧。"

▶

他们试着辨别，你是属精神的，还是属肉欲的。

他们好奇苏莱曼王[1]和他的妻妾。

1　古代先知，基督教传统译为"所罗门"。

在世界的躯体中，
他们说，有一个灵魂，
那个灵魂就是你。

不过，你我总是在彼此之中，这一点，
倒是没人说过呢。

▶

在春天的时候，来果园一游吧。
在石榴花丛中，
那里有光，有酒，有石榴花。

你不来的话，这一切都了无意义。
你来了的话，这一切也了无意义。

春天是尔撒

每个人都吃饱睡去，
屋子变得空荡荡。
我们走入花园，让苹果与桃子碰面，
帮玫瑰与茉莉捎口信。

春天是尔撒，

从裹尸布中唤起殉难的植物。

它们感激地张大嘴巴，渴望被亲吻。

玫瑰和郁金香散发的光芒显示

它们心中有一盏灯。

一片叶子在颤抖。

我也在土耳其斯坦[1]丝绸般柔美的风中颤抖。

香炉的火苗被扇旺成烈焰。

风是圣灵。

群树是麦尔彦[2]。

看看丈夫和妻子，怎样用双手玩着微妙的游戏。

就像在婚俗中，将产自阿丹国[3]如云朵般洁白的珍珠

投向恋人。

优素福衣衫的气味飘入叶尔孤白[4]的鼻孔。

也门人珠玉般的笑声

传进麦加的穆罕默德耳中。

我们谈这道那。除却这些细枝末节的时刻，

别无安顿休息的时光。

---

1 波斯语中的意思是"突厥人的土地"，不是指一个实际存在的国家，而是波斯化社会和其他地方用来表示中亚的突厥人地域的名称。

2 《古兰经》人物，多数学者认为即《圣经·新约》中的玛利亚。

3 古国名，故地在今阿拉伯也门地区亚丁湾西北岸一带，首府阿丹，即今亚丁。

4 《古兰经》中记载的古代先知之一，又译"雅各布"。

大地的叫喊

我感觉自己像大地，惊讶于
大气带给它的一切。我的所知所识
在我体内生长。雨水
让每一个分子孕育一个奥秘。
我们和分娩的女人一起呻吟。
大地叫喊着："我是真理，荣光在这里。"
然后裂了开来，生出一峰骆驼。
一根树枝从树上掉下，变成了一条蛇。

穆罕默德说过："忠实的信徒是一头优良的骆驼，
总是望向悉心照料它的主人。"
他在它的肋腹打上烙印。
他为它铺开干草。
他用合理的规则束缚它的膝盖，
而现在，他解开所有束缚，
拔去嚼子，撕开毯子，
让他的骆驼起舞。

田野吐出了新芽，
骆驼在这些没人想到过的
假想植物上跳舞，
但所有新的种子，不管多么卖力，
都没有展示出另一个太阳。

它们隐藏着太阳。
尽管如此，蛎壳里的珍珠
还是一颗接一颗地露了出来
努力本身就是欢欣。

展开你自己的神话

谁会早起，去弄清楚晨曦初现于什么时刻？
谁会发现，我们在这里困惑地团团转如原子？
谁会带着口渴，来到泉边，看到映照在水面的月影？
谁会像又老又瞎的叶尔孤白那样，
嗅着自己失踪儿子的衣衫，
最后又得以复明？
谁被遗弃在篮子里漂浮，长大后却成为先知？
谁会像寻找火光的穆萨，在日出中看到光明？

尔撒躲入屋内逃避敌人，却发现了一扇
通向另一世界的门。
苏莱曼王切开鱼腹，在里面找到了一枚金指环。
欧麦尔愤怒地冲入屋中要杀先知，
却带着先知的祝福离开。

追猎一头鹿可以把你引向所有地方！ [1]
牡蛎张开外壳吞饮一滴水，
没想到化成了珍珠。
流浪汉在荒芜的废墟晃荡，
不意发现了宝藏。

不过不要单单满足于故事，
不要单单满足于知道
发生在别人身上的那些事情。展开
你自己的神话，无须多言，
每个人都会明白经上这句话的意义：
我们打开了你。

举步走向沙姆斯吧。你的双腿会变得疲倦
而沉重。不过，到了一定的时刻，

1　这里用了易卜拉欣的典故。易卜拉欣是巴尔赫（Balkh）的王子，对苏非来说，他代表在灵视瞬间为了内在的宏大而放弃外在王国的人。他的人生和释迦牟尼有着惊人的相似之处。巴尔赫看起来是一个佛教、伊斯兰教和基督教交会融合的地方，古代废墟中也有就莲花母题的描绘。以下是鲁米对易卜拉欣顿悟的记载：

　　当易卜拉欣还是国王的时候，有一天，他外出狩猎。因为追一头鹿，他和随从分开了。他的马因疲倦而满身大汗，但易卜拉欣还是急急策马。在旷野深处，逃走的鹿转过头来说："你不是为了追逐而被创造。捉到我，你就会满足吗？"易卜拉欣被这番话深深震撼，大喊一声，翻身下马。他对附近的一个牧羊人说："把这件镶有珠宝的皇室外套拿去。把我的马和弓拿去。把你用粗布做的长袍给我。不要把这件事告诉任何人。"和牧羊人交换衣服之后，易卜拉欣过上了全新的生活。他为了捉鹿而付出超乎寻常的努力，到头来却被真主捉到！所有计划都有改变的可能。真主住在一个人和他的欲望对象之间。"全部旅程都是通向'朋友'的神秘旅程。"（《教理》第四十四篇）（英译者注）

你的背上就会生出一对翅膀，
带你飞翔。

不在日历上的一天

这是春天，万物欣欣向荣，
即使那棵高大的柏树亦不例外。
我们绝不能离开这个地方。
在我们共用的杯子边缘，写着这样的话语：
我的生命不属于我自己。

如果有人能弹奏乐曲，那一定美妙非常。
我们啜饮美酒，但不是透过唇。
我们睡觉，但不是在床上。
让杯子擦过你的前额。
今天是在生与死之外的一天。

别再觊觎他人囊中之物，
这样你就会得到安全。
"哪里？在哪里我可以得到安全？"你问。

今天不是提问的一天，
不是在日历上的一天。

今天是自觉的一天。

今天是爱人，是面包，是温柔，

比语言所能表达的更加明了。

思想从文字取得表现形式，

但今天的日光，

却超出思考与想象之外。

它俩都很渴，

但这样，水面才得以平静如镜。

它们口干舌燥、精疲力竭。

这首诗余下的部分过于晦涩，

它俩难以阅读。

舞曲

能听到舞曲的笛音从路上传来，

是件多幸运的事啊！

大地焕发光彩。

桌子摆设在庭园之中。

今夜，我们会饮尽这里所有的酒，

因为现在是春天。现在是澎湃的海。

我们是海洋上空的云，
或者是被点亮的海洋里的
斑斑点点。
当我讲着这没头没脑的话时，
我知道我醉了。

你想看看那掉了半边的月亮吗？

我舌头的形状

我内心的那面镜子映现出……
我没法告诉你，但我自己不会不知道！

我逃离自己的身体。逃离自己的灵魂。
我不属于任何地方。

我不是活着的！
你嗅到朽坏的味道了吗？

看这个摆在托钵僧袍服上的葫芦：
我看起来像你见过的任何人吗？

葫芦内充满汁液，

即使倒转过来，也一滴不洒。

不过要是汁液洒落，就会掉落成真主，
成为粒粒珍珠。

我化成一片覆盖大海的云，
收集珍珠。

当沙姆斯出现，
我就会化为雨。

一两天后，百合吐蕊，
那是我舌头的形状。

小草

同一阵风
拔起了树，
却让小草生辉。

高傲的风
怜爱小草的柔弱和卑微。
千万不要以强壮自矜。

斧斤从不担心树枝有多粗。
再粗的树枝也会被它砍成碎片，
但它不伤害树叶。

火焰从不考虑柴堆有多高。
屠夫从不会回避羊群。

实相本来的形式是什么？
是柔弱。实相将天空像茶杯一样
倒扣在我们头上，旋转。
谁在执掌天空的轮舵？宇宙的智慧。

身体的动作来自精神，
有如水车之依溪水转动。

吸入和呼出皆来自精神，
时而愤怒，时而平和。

风是破坏者，也是保护者。

那个完全顺服的谢赫[1]说：
"万物非主，唯有真主。"
他是涵养万有的海洋。

---

1 苏非派每个教团的领袖、导师，也是伊斯兰教国家对年高德劭的人的称呼。（中译者注）

跟小孩玩耍的谢赫

一个青年四处打听：
"我要找个智者。我有难题待解。"

旁人回答："在这个镇上，没有谁比那个
跟孩子们一起玩骑木马游戏的谢赫
更睿智。

"他清晰锐利、目光如炬，像夜空一样
辽阔庄严。但他却用孩子的游戏来隐藏这一切。"

青年走近孩子们，向谢赫问道：
"把自己扮作小孩的先生，请你
告诉我一个秘密。"

"走开，这不是谈秘密的日子。"
"求求你。只花你一分钟。你继续待在木马上无妨。"
"有话快说。我不能让它安静很久。
哦，可别让它踢到你，
这是匹野马！"

在这种疯狂的气氛中，
青年觉得自己无法问严肃的问题，便打趣说：
"我想结婚。在这条街上，

有适合我的对象吗？"

"世上有三类女人。其中两类会为灵魂带来忧伤，

另一类则是灵魂的宝藏。

第一类，如果娶她，她会全部属于你。

第二类，如果娶她，她只有一半属于你。

第三类，如果娶她，她完全不属于你。

好吧，赶快走开，

趁这马还没踢爆你的头。放轻松！"

谢赫骑着木马，在孩子们中间驰来骋去。

青年喊道："请跟我详细说说那三类女人！"

骑木马的谢赫来到近前。

"第一类是初婚的处女，

她全部属于你，会让你觉得幸福与自由。

第二类是没小孩的寡妇，她有一半会属于你。

第三类完全不属于你的，则是带着小孩的寡妇。

她将爱全部倾注在与第一位丈夫的孩子身上。

她不会与你产生任何联结。

当心。往后退，我要让这浑蛋转身了！"

谢赫呐喊着往回骑，让孩子们围过来。

"请再回答我一个问题，大师！"

谢赫正在绕圈。"什么问题？快点！那边的骑手需要我。

我觉得我坠入爱河了。"

"你在玩什么游戏？

为什么要隐藏你的智慧？”

"这里的人想把什么事都往我身上搁。他们希望我

评判，仲裁，解读一切文典。

但我不愿意用我的智慧为他人作嫁。

它希望愉悦自己。

我要自己种植甘蔗，享受它的甜美。"

习得的知识

则与此迥异。饱学之士担心的

是能否取悦听众。

那是名利之饵。

这样的知识，渴求听众。

它没有灵魂。

听众反响热烈时，它精力充沛；

无人聆听时，它垂头丧气。

唯一真正的听众是真主。

静静细嚼真主那甜如甘蔗的爱吧，

并让自己长保赤子之心。

如此，你的脸庞将绽放出嫣红之光，

像那盛开的紫荆花。

▶

任由陷于恋爱中的人放浪形骸吧，

清醒的人老爱杞人忧天。

任由陷于恋爱中的人放浪形骸吧。

◗

音乐日夜鸣奏。
一首宁静、明亮的
芦笛之歌。
它消逝，我们也会消逝。

5 不要走近我：感受分离的滋味

关于分离

　　我们对分离之所以感受深切，缘于我们领略过同在的滋味。芦笛能谱出妙韵，正因它体验过泥土、雨露、阳光共同孕育出甜美的甘蔗的过程。当你无法确知远方的朋友是否会归来时，你的思念将益发噬心刺骨。分离将你们彼此拉近。

有时候我真的会全然忘掉

有时候我真的会全然忘掉
友谊是什么。
不自觉甚至疯狂地，
我到处释放悲伤的能量。关于我的故事，
众说纷纭；一段浪漫史，
一个猥亵的笑话，一场战争，或一段空虚。

将我的善忘任意切分，
它会萦绕四周。
我遵从的这些馊主意，
是什么阴谋的一部分吗？
朋友们，小心，不要走近我，
不论是出于好奇，还是同情。

男人与女人的口角

沙漠里的某个夜晚，
一个贫困的贝都因妇人
对她的丈夫如是说：
"人人都快乐、富足，

除了我们！我们没有面包，
没有调味料，没有盛水的器皿。
我们衣衫褴褛，夜里没有毛毯。

"我们只好幻想满月是个饼，
来望梅止渴。连乞丐
也把我们当笑话。人人对我们
避之不及。

"阿拉伯男人本应都是慷慨的战士，
但看看你这副德行，跌跌撞撞！有客人到来，
我们可能要趁他睡着偷他的破衣服，
究竟谁令你沦落到如斯田地？
我们连一把扁豆也拿不出来！
十年来一事无成，这就是我们的写照！"
她继续喋喋不休。
"如果真主是富足的，我们一定信了一个骗子。
引领我们的究竟是谁？那个假货，
托词永远是：'明天，只要灵光一闪，你就会得到
一切财富，嘿明天。'

"众所周知，这个从来没有实现过。
不过我猜想，这偶尔也会发生一两次。有时
骗子的追随者也会交上好运。不过我真想知道，
我们究竟为何要活得如此清苦。"
丈夫终于应声了：

"你还要为铜臭及未来
抱怨多久呢？生命的湍流几近消逝。又何必担心那些
稍纵即逝的事情呢？想想动物怎样生活！

"鸽子在枝头赞颂，
夜莺嘹亮地讴歌，
小至蚁虫，大至大象，每一个生物都信赖
真主的滋养。

"你感受到的苦痛原是信差，
聆听它们，甘之如饴。
黑暗的长夜将尽。
你曾经年轻，又感到满足，
现在却为了钱惶惶不可终日。

"你本是财宝，本是美好的葡萄。
如今你只是个烂果。
你原应愈变愈甜美，不意你却变坏。
作为我的妻子，你应该和我一样。
就如一双靴子，如果一只太紧，
这一双都没什么用。

"又如两扇门，不对称的话又有何用？
狮子又怎会和狼做夫妻。"

这个贫困而快乐的丈夫，就这样

指责妻子，直到破晓。

不久妻子反唇相讥：

"不要再说
你的地位如何尊贵，看看你自己的德行呀！
罔顾现实的自傲最丑陋。
就像身处寒冷的雪天，
而你的衣衫又湿透！

"这真叫人受不了！
不要叫我妻子，你这个骗子。
你只配和野狗争骨头。

"你根本不像你装出的那样安贫乐道！
你是蛇，同时又是弄蛇人，
你不自知而已。
你为了金钱逗弄蛇，
而蛇也在逗弄你。

"你满口真主，令我提起那个词
都感到罪恶。小心啊！
那个词会荼毒你，若你要以此来
支配我。"

她沙哑的谩骂声
不绝于耳，做丈夫的反驳：
"女人，我的困顿正是我最深的喜悦。

这种清苦的生活诚实又美善。
这样我们就无所隐藏。
说我骄傲又贪婪，
说我既是弄蛇人又是蛇，
其实你才当之无愧。

"你恼羞成怒，心有所求，
才会把我错看成那样。
我对这世界一无所求。

"你像小孩，自顾自团团转，
却以为房子在旋转。

"你看错了，耐心一点，
在真主之光的引导下，
你自会看到我们的生活充满喜悦。"
争论竟日不辍，
没有个休。

一个空心蒜头

你错失了整个果园，
只为了无名树上一颗小小的无花果。

你错过了那个美人，
只为了和一个干瘪的老太婆调笑。
看着她这样耽搁你，我就想哭。
她满口酸臭，张牙舞爪，
头颅贴在屋顶，笼罩着你，
味同嚼蜡的果，层层叠叠，空瘪
如干烂的蒜头。

你为她衣带渐宽，
纵然她身上全无养分。
死亡会让你睁开眼，
看清她那
黑蜥蜴背甲一样的真面目。
我言尽于此。

静静地躺下，
归向你真心之所喜。

空荡荡的潜水服

你正坐在我们身旁，但你又正在
黎明的田间漫步。当你决定跟我们一起狩猎的时候，
你自己就变成了猎物。

你身处自己的躯体中，正如树木牢固地生长在地上。
可你又是风，是沙滩上
空荡荡的潜水服，是鱼。

海洋里无数明明灭灭的海滨，
像翅膀展开时
看到的血管。
你隐藏的真我是那血管里的血，
是那琵琶的弦，谱出海洋的乐章，
并非碎浪的伤感声调，而是无边的辽阔之音。

我最坏的习惯

我最坏的习惯是我厌极了冬季。
我根本在折磨身边的人。

你若不在，什么都不生长。
我混混沌沌，说话
结结巴巴。

如何根治坏水？把它送往河流。
如何戒掉坏习惯？把我送回你的身边。

当水被卷入惯常的漩涡中，
它会深流至海底。
有一种秘方，只给那些若无希望
便很痛苦的人。

如果怀着希望的人知晓，定会感觉受到轻视。

久久凝望你珍爱的朋友，
不论他正离你而去
还是快要回来。

　◗

勿让惶恐把你的喉头收紧。
夜以继日，努力呼吸，
在死神把你的嘴合上以前。

糖的溶剂

糖的溶剂，溶解我吧，
若这是适当的时候。
请轻柔些，用手轻触，或用一个眼神。
我每天黎明都在等待。以前

也都发生在黎明时分。
或者干脆些，像处决犯人一样。
不如此，我又怎能安心面对死神呢？

你活得像行尸走肉。
你悲伤，而我好像愈变愈轻。
你用胳膊把我推开，
但这种推开正是一种拉近。

◗

苍白的日光，
苍白的城墙。

爱离我远去，
日光更迭。

我需要真主的恩赐，
比我从前想的更多。

6 节制欲求：你是怎样杀死自己的雄鸡的

关于欲求

苏非派把人的欲求称为纳夫斯（nafs）。从恋人对彼此的渴望，到遁世者（sannyasin）对真理的追求，都是欲求，都有一只看不见的手在背后把他们往前推。每一次推动，都让我们进一步接近大海。鲁米指出，当欲求出现的时候，我们要生活其中，不能被困囿于某处，停滞不前，这是很重要的。据说，他有一次被问到，应该如何处置某个干了下流勾当的年轻人（这个传说没有说明年轻人干的是什么勾当，有可能是手淫，也有可能是偷窥之类的事情）。

鲁米回答，不要为此事担心，并说："他做此事，只是说明他已经开始长出自己的羽毛了。真正危险的事是，一个孩子不去做这样的事，在还没有长出羽毛时就离巢，猫只要一扑上去，就能抓住他。"鲁米又指出，对青少年或任何还未淋漓尽致地享受过狂喜恍惚境界（通常，我们能达到的最接近的状态是"高潮"）的人加以羞辱时，应谨慎为上。在鲁米的语汇中，雄鸡是性欲的象征。

那么，胡萨姆是怎样杀死他的雄鸡的呢？通过游戏使之消解于无形。纳夫斯就是我们的生命力，如影随形。与真主的结合，是持续不断的过程。在焕发光彩的露天电影院旁边，是垃圾场里成堆的锈迹斑斑的欲望残骸。让我们所爱之美不断转化为一个又一个的行动吧。鲁米问道，我们死亡后会失去什么吗？我们支持用一种纳夫斯转化为另一种纳夫斯。被斩断的雄鸡的能量成为另一个餐厅的故事。不管你在河中放了什么障碍物，都不可能抵挡河水的力量，倒不如一任河水自你身上潺潺而过。从流淌而过的河水中，你将能领略到什么叫清新与深入骨髓的欢娱。

真正的男人

某人向埃及的哈里发[1]进言：
"摩苏尔[2]王有一姬妾，
美得超出我的口舌所能形容。
请看。"
说罢，就在纸上画下她的长相。

哈里发手中的酒杯掉落在地。
他马上派出将军，
连同数千军队，向摩苏尔进发。
战事持续一周，
死伤无数，城池和塔台像蜡烛一样
一一倒下。摩苏尔王派来使者问道：
"何以要进行这些杀戮呢？
如果你想要我的国家，
我可以拱手相让！
如果你想要的是金银财宝，
那更不成问题。"

将军拿出画像说：

1　真主使者的继承人，是伊斯兰教的宗教及世俗的最高统治者的称号，也是历史上阿拉伯帝国统治者的称号。
2　伊拉克北部城市，尼内韦赫省首府。位于底格里斯河右岸，对岸有历史名城尼尼微的遗址。

"我要的是这个。"

摩苏尔王闻言，立刻派人回话：

"把她带走。偶像应该属于崇拜偶像的人。"

将军一看到她，立刻像哈里发一样

爱上了她。

不要觉得可笑，

因为，这种爱，是无限之爱的一部分；

没有这种爱，世界就不会演变成今天的样子。

没有那种追求完美之爱的冲动，

无机物就不会演变为植物，

或拥有自我的生灵。

将军觉得这是一片沃土，

便播下种子。

他在睡梦中看到那个女人。

他跟她的幻影交合。

不久，他醒来，

才明白自己不过是在做梦。

"我虚掷了我的种子。我要

找那个耍了我的女人讨回公道。"

一个不能控制自己身体的领导者，

不值得敬重。

如今，将军已完全失去自制力。

他不再管什么哈里发，也不在意
自身的安危。
"我恋爱了。"他说。

不要在这样的狂热中行事。
应该先跟大师商量。
将军却没能做到。

他的迷乱像一股浊流，将他带向大海。
某个不存在的幻影
出现在漆黑的井底；
一个幻影却能
引得一头猛狮跳入井中。

另一个忠告：让其他男人，
跟你的女人亲密接触，是件
危险的事。
想让干柴与火种凑在一起，
却不引起熊熊烈火，
更是难上加难。

将军没有直接班师回朝，
相反，他让军队驻扎在一片偏僻的绿草地。
他已欲火焚身，分不出天地。
他的理智已经迷失在战鼓声声之中，
微不足道，完全微不足道。

哈里发在他眼中变成一只蚊子，毫无分量可言。

将军扒下女人的衣裙，
躺在她两腿间，对准
目标。突然，帐篷外
传来一阵剧烈的骚动。
他一跃而起，光着屁股
手持弯刀，奔出了帐篷。

原来，一头来自附近沼泽区的黑狮
窜入了马群中。场面混乱不堪。
它一跃二十英尺高，
整个军营如海洋般汹涌澎湃。

将军迅速逼近猛狮，一刀
把它的头劈成两半，
然后回到帐篷内。
他的那玩意儿依旧挺立。

将军与美人云雨交合，其激烈程度
不亚于与猛狮相斗。
他的那玩意儿自始至终保持挺立，
也没有射精。
那美丽的女子惊异于将军的男子气概，
以极大的热情迎向他的热情。
两个灵魂合而为一。

任意两个人如此紧紧纠缠在一起时，就会于不可见的世界
诞生出第三者，也许是通过受孕。
如果没有避孕的话，
不论两个人的结合是因爱，还是因恨，
都会在灵魂世界里诞生一个第三者。

你到那里，就会认出他们。
任何结合都会孕育后裔。
因此务必小心谨慎。
在你跟某人结合以前，
务必考虑清楚。
记住你还要考虑结合之后的孩子！

那些因情感联结而诞生的孩子，
你必须养育并照料。
他们具有形体，能说会道，需要一个地方居住，
他们至今还在向你号哭：
"别丢下我们，回来。"
千万要留神这一点。一男一女结合，
便会种下一个精神之果。

但将军没有留神。
他像一只困在牛奶中的蚊子一样，
完全沉迷在他的爱情中。

有一天，将军突然觉得腻了。

他对那女人说：
"不要对哈里发泄露一句。"

他把她带到哈里发面前，哈里发大为震动。
她比他想象中还要美上一百倍。

某人问一个能言善道的导师：
"什么是真，什么是假？"
"这就是假：蝙蝠躲的是太阳，
而非太阳的概念。
让蝙蝠感到害怕，躲到洞穴里的，
是太阳的概念。
有敌的概念，你才会与一些人为友。

"穆萨，启示的内在之光，
他点亮了西奈山之巅，
但西奈山却承受不了这光。

"不要再那样自欺下去了！
不要把概念与真实混淆。

"战争的概念并未包含勇气。
澡堂里挂满描绘英雄事迹的图画，
充斥着关于英雄事迹的谈论。
试着用你的眼睛代替耳朵，
那样，你那混沌的耳朵，

就会变得像光纤一样敏锐。"

哈里发狂热地恋着那个摩苏尔女人，
他的王国，也像闪电一样快速消失。
当你爱得盲目时，就要提醒自己：
任何会消逝的东西都不过是一场梦，
不过是嘴巴里吹出来的一口气。
它有可能会杀死你。

有些人说："没有事物可以长存。
如果有另一个实在界，
我们就会看得见，就会知道。"
他们错了。

难道因为小孩不懂逻辑，
我们大人就不再理性了吗？
如果理性的人感受不到宇宙万有中的爱，
并不表示它不存在。

优素福的兄弟看不见他的美，
可他的父亲叶尔孤白看得见。
穆萨起初在西奈山顶，
看到的只是灌木丛，
但他的第三只眼却看出，
那是一尾会令人惊慌的响尾蛇。

肉眼所见，经常会与内在的智慧冲突。
穆萨的手不只是一只手，它还是光的泉源。

这类事情像无限一样真实，
不过某些人却以为那不过是宗教狂想。
对这些人来说，只有性器官和消化器官
是唯一的真实。

不要跟这种人谈"朋友"[1]的事。
让他们上他们的清真寺，我们上我们的清真寺。
不要在怀疑论者或无神论者身上
浪费时间。

有一天，哈里发生起了
与美人交欢的念头，
便径直去找她，要把欲求付诸实践。

然而，当哈里发和女人一起躺下的时候，
真主向他发出了禁令：
一阵像老鼠的细微声音，
在房间里响了起来。

哈里发以为那是蛇的声音，
从草席上一惊而起，那玩意儿也随之

1　在鲁米的诗中，"朋友"常常是用来象征真主的字眼。（中译者注）

委顿下来。
女人回想起将军杀狮子时
那玩意儿依旧挺立。

她不禁失声大笑。
越是细想，越是止不住地笑。
她像是吸食了麻药，
一切尽皆变得可笑。

每一种情绪都不会来得无缘无故。
哈里发狂怒不已，抽出了剑。
"什么事让你觉得如此可笑？
快把你想的都告诉我。
别想有所隐瞒。此刻
我明察秋毫。
如果你胆敢撒谎，我就要你身首异处；
如果你说真话，我就让你重获自由之身。"

他把七本《古兰经》叠在一起，
发誓绝不食言。
当她终于恢复了自制力，
便向哈里发和盘托出，
将军在杀狮以后，
那玩意儿如何依然挺立。

隐藏着的东西总有一日会冒出头来。

所以，千万不要播下坏的种子。

雨水和太阳会使它们发芽成长，露出地面。

春天会在树叶落下之后来到，

单这一点就足以证明万物循生。

秘密会在春天泄露出来。

忧虑会变成宿醉后的头痛。

可是酒又来自何处呢？想一想吧。

一簇盛开的花不会像种子，

一个人也不可能肖似精子。

尔撒来自吉卜利里[1]的气息，

但他和吉卜利里无丝毫相像之处。

葡萄不会像葡萄藤。

充满爱意的行为是事物的种子。

没有一条河的源头会像它的终点。

我们不会知道自己的痛苦源于何处。

我们不会知道自己的行为会导致什么样的结果。

不知道也许是件好事，

否则我们可能会为之深深忧伤。

哈里发恢复了他的仁慈。

"我被权力的傲慢冲昏了头，

才会去强抢别人的女人；

别人自然会来敲我的门。

1　伊斯兰教天使，被认为是《圣经》中的迦百列。

任何通奸的人都是在
为自己的妻子招辱。

"你伤害某个人，就是
把伤害引向自己。
我的不义之举所带来的
是一个朋友的背叛。
这种因果循环必须终止。
就在此地，在仁慈中终止。

"我会把你送回将军身边。
我会告诉他：
因为其他姬妾嫉妒，
我不宜你留在身边；
而由于他骁勇善战，
把你从摩苏尔带来，
所以我把你许给了他。"

这是只有先知才有的男子气概。
虽然哈里发在性能力上不济事，
这却丝毫无损于他威风凛凛的男子气概。

真正的男子气概，表现在
克制肉欲的能力上。
哈里发打破循环，摆脱了播撒欲望之种，
终结行事鬼祟和复仇之举，

与他的高尚相比，
将军的性欲虽然旺盛，
不过如一粒谷壳。

文身

在加兹温[1]，人们都会文身，
以祈求好运。他们用蓝色墨水，文在背上
手上，肩上，不论什么地方。

一个人找到文身师，
要求在他肩胛上
文一头威猛的蓝狮。"使出你的看家本领吧。
我要一头飞奔的狮子。我要一大片蓝。"
不过，文身师才刚动针，
那人却喊了起来：
"你在干什么？"
"文狮子。"
"你从它的什么部位开始文起？"
"尾巴。"
"好，尾巴不用文了。狮子的臀部

1　伊朗西北部城市。

实在不怎么体面，它会灭了我的威风。"

文身师继续动针，但那人立刻又叫了起来：
"哎哟哟，现在文的是什么部位？"
"耳朵。"
"给我文一头没有耳朵的狮子吧。"
文身师摇了摇头，再次动针，
哀号声再次响起。
"现在又是什么部位？"
"腹部。"
"我喜欢没有腹部的狮子。"
文身师愣了好一会儿，手指咬在嘴里。
最后，他把针丢下。
"从来没人对我提过这样的要求。创造一头
没尾巴、头和身体的狮子，
这可是连真主也束手无策的啊！"

兄弟，忍住疼痛。
逃离冲动的毒药。
你做到了，天空就会向你致敬。
学会点燃蜡烛。与太阳同时起床。
远离睡眠的暗窟。这样，
刺就会长成玫瑰，
个别就会升华成普遍。

怎样才能赞颂？

把自己化为微尘。

怎样才能认识真主?
在他的存在里燃烧自己。燃起来吧。

铜会在万能灵药中熔化。
所以,也让你自己
溶解在那维系存在的化合物中吧。

你握紧双手,
坚决不说"我"和"我们"。
你不知道,
这会挡住你的路。

火之中心

不要再给我酒了!
对浑浊的红酒和清亮的白酒,
我都已了无兴致。
我现在想喝的是自己的血:
向行动之野流动的血。

抽出你最利的剑,

猛砍我，直至我的头
在脖子上旋转为止。

堆一个像这样的骷髅山。
把我车裂。

不要因我求饶而停手！
不要听我说的任何话。
我必须进入火之中心。

火是我之子，
但我必须在火中燃烧，
让自己也化为火。

为什么柴火里会有噼啪声和烟雾呢？
因为柴跟火还在争论不休。
火说："你太厚重了，走开。"
柴说："你太轻盈了，不若我实在。"

这两个朋友在黑暗中吵个不停。
像个没有脸的流浪者。
像只强有力的鸟，
栖在枝头，不肯动半下。

对那些仍然被欲求纠缠着的人，
我能说些什么呢？

把你的水罐砸向石头吧，
既然四周尽是汪洋大海，
还要水罐何用？

我们必须沉下去，摆脱英雄主义，
和对英雄主义的描绘。

像纯粹的精神那样躺下吧，
让身体像被子一样把你盖上，
像新郎为新娘做的那样，给她温暖。

◗

有一个人，带着半片面包
遁隐到一个鸟巢般大小的住处。
他无欲无求，
也不被任何人思念。

他有一封写给每个人的信。你打开它。
上面只写着一个字：活。

◗

即使苦苦追问，
奥秘仍然不会变得明了。

除非你能让眼睛与欲求
保持五十年静止不动，
否则你不会从混沌中苏醒。

穆罕默德与大胃王

胡萨姆要我们从《古兰经》的第五卷开始。
胡萨姆啊！你是真理之光，导师中的导师，
要不是我们人类的喉咙太窄，
我就能给你恰如其分的赞颂；
就能用俗世语言之外的语言歌颂你。
家禽又怎能与猎鹰并论？
但我们只能先调匀手头的清漆
进行粉刷。

我不会跟唯物主义者论道。当我谈论胡萨姆，
我只会找那些明白精神奥秘的人。
赞美，不过是为了拉起窗帘，
好让他的特质能够穿透进来。
当然，太阳本身
还离得我们很远很远呢。

出言歌颂的人，

实则在歌颂自己。他的歌颂不啻为：
"我的眼睛是明亮的。"

同样，出言批评的人，实则在批评自己。
他的批评不啻为：
"因为我的眼睛充满妒火，
所以不是十分明亮。"

如果有人想成为另一个太阳，
想让腐臭之物复归新鲜，
不要讪笑他。

也不要嫉妒想成为此世界的人。

胡萨姆就是我所说的太阳。
他既非心灵所能理解，也非话语所能诠释。
但我们还是会跌跌撞撞地去尝试。
无法一口吸尽漫天甘霖，
不表示无法啜饮一口雨水。
无法抓住奥秘的果核，
总可以抚摸奥秘的果壳。

胡萨姆能更新我的话语，你的话语。
相对于你的智慧，我的话语只是空谷壳。
你的智慧是广大的外太空，
我的话语不过是地球的大气层。

选自《玛斯纳维》 年代 1488—1489

朋友，我们亲密如是：
你每踏出一步，都可以在脚底的坚实中感受到我。

在是非对错之外，

有一片田野。我在那里等你。

他们说我们没有明天。他们说得对。

棒极了。

我的这些话，只是想向你表明那一点，
因此任何听见过这些话语的人都不会痛苦于
他们甚至没机会看一眼。

你的存在让我从虚荣、
想象和观点中脱身。

敬畏是药膏，
可以治愈我们的眼疾。

恒常、敏锐地聆听。
像一棵高举手臂的枣椰树那样，
站在开阔之处。不要像老鼠一样
忙于在地下钻洞，忙于在某些
陈腐的教义迷宫里打转。

小知小识会让人目盲。
有四种个性会让人远离爱。
《古兰经》称之为四种鸟。
以真主之名起誓吧，
斩掉那四种坏鸟的头。

四种坏鸟是：
贪色的雄鸡、好名的孔雀。
贪婪的乌鸦和急躁的鸭子。
宰杀它们，复活它们，

使它们变为无害之物。

你的内里有一只鸭子。
它的嘴从不歇息，在干土和湿土里找寻食物。
像个闯空门的小偷，
不断往包裹里塞东西，
珍珠、鹰嘴豆，不管什么，
心里一直着急：没时间了！
不会再有下一次机会了！

一个真正的人会更冷静周全。
他或她不会担心被打扰。

但鸭子却因为害怕错失良机
失去了从容，这种恐惧
大大增加了它的饥饿感。

一大群无信仰者
来见穆罕默德，因为他们知道，
穆罕默德会给他们吃喝。

穆罕默德对他的朋友们说：
"请你们各带一位宾客回家，
好好接待。
既然你们心里装满了我，
现在，就请代我款待他们。"

每个朋友都选择了一位宾客，
不过，却剩下了一个大块头。
他独坐在清真寺门外，
像是被留在杯底的茶渣。

穆罕默德把他领到自己家里。
这个乌古斯人[1]毫不客气地开怀大嚼，
喝掉七头羊的奶，
吃掉十八人份的食物。

穆罕默德家里人都愤愤不平。
当大胃王就寝时，出于刻薄
和怨恨，女仆用铁链把他的房门紧紧锁死。
半夜时分，大胃王
感到肚子一阵剧痛，想去方便。

可是一推门，却发现门锁着！
他试着用刀刃把门撬开，
却一点都不管用。
疼痛越来越剧烈。房间里似乎越来越压抑。
他躺回床上，迷迷糊糊地昏睡过去，梦见
一处荒凉之地，因他自己
内心也一片荒凉。

1　七至十一世纪的中亚突厥语部落。

于是他在梦中独自一人，
拉了一堆又一堆。

未几，大胃王醒来，
发现覆盖在四周被褥上的，
全是粪便。
他因为羞惭而浑身发抖。
人们通常羞愧于此。

他心想："我睡着了比醒着还要糟糕。
醒着的时候，我只是大吃大喝而已；
睡着的时候，却弄出这个来。"

他痛哭失声，极度局促不安，
翘首企盼着破晓的来临和房门开启的声响。
他希望，在别人发现他干的丑事以前
先溜走。

我会长话短说。房门打开了。他得救了。
穆罕默德黎明时来到他门前，把门打开。
他隐起形来，让那人不会感到羞愧，
让他可以逃走和清洗自己，
不用与开门者碰面。

只有像穆罕默德这样完全沉浸在真主之中的人
才会做出这样的事来。穆罕默德看得见

夜里发生的一切，
但他没有在大胃王急于解手时放他出来，
而是等到必要时才这样做。

很多行为，看似残忍，
却源自深刻的友谊。
很多破坏实际上是革新。

稍后，一个爱管闲事的仆人
带穆罕默德去看大胃王睡过的床铺。
"看看你的客人干了些什么好事！"

穆罕默德笑了——对待万物他都如此慈悲。
"给我打一桶水来。"

旁人闻言大惊失色："不，让我们来。
我们活着就是为了服侍你。
这种粗活应该由我们来做。
你是心的照料人。"

"我明白，但这不同寻常。"

一个声音在他心中说道："在清洗床铺的工作中
蕴含着大智慧。清洗它们吧。"
这时，先前弄脏床铺的那个人又回来了，
原来他忘了带走一个常常随身携带的护身符。

他走进房中，一眼看见
先知的手，正在清洗他那些脏不可言的秽物。

他顿时忘了找护身符这回事。
一种大爱刹那间穿透了他。
他撕破自己的衣衫，以头
去撞门墙。血从他的鼻孔中流出。

人们纷纷从其他房间赶来。
他尖叫着："不要管我。"
他捶打着自己的头说："我不明白！"
他伏在穆罕默德跟前。

"你是合一，而我粗鄙、微不足道、
一文不值。我不敢正视你。"他颤抖着忏悔说。

穆罕默德弯腰把他扶起，拥抱和轻抚他，
开启了他的内在智慧。

云朵流泪，花园就会开花。
婴儿啼哭，母奶就会溢出。
万物的哺育者说过："让他们尽情地哭吧。"

雨的泪水与太阳的热量共同
滋养我们。
让你的智慧保持炽热，

让你的泪水保持闪耀，那样
你的生命就会日新又新。
不要介意像孩子般哭泣。

减少身体的需要，关注灵魂的决定。
减少对肉体的供养，
心灵之眼就会慢慢张开。

让身体保持虚空，
真主会用麝香和珍珠母填满它。

聆听先知之言，莫听小孩的话。
精神生活的地基和石墙
由克己和自律打造。

找志同道合的朋友相互扶持。
跟他们一道研读神圣的经典，
讨论彼此的言行举止，
一起修持。

斋戒

空虚的肠胃里隐藏着甜美。

我们是琵琶，不多，也不少。如果音箱里
塞满东西，将无音乐可言。
如果我们能借助斋戒，
烧净脑和胃肠内的残渣，
那新的乐音，将无时无刻不自火中升起。
雾消散了，新的能量帮你
飞也似的跃过面前的阶梯。
让自己更加虚空，好能像芦笛一样吹奏出妙韵。
让自己更加虚空，好能像芦笔一样书写出奥秘。
当你肚子里塞满酒食，一个丑陋的
铜像就会占据你灵魂的栖息之地。当你斋戒，
好习惯就会像有心帮忙的朋友一样向你靠拢。
斋戒是苏莱曼王的指环。不要把它
拱手让给某些幻象，失去你自己的力量，
不过，即使你确曾失去，失去过意志和自制力，
只要你恢复斋戒，
力量就会再度降临，
有如突然出现在眼前的士兵。
一张桌子降临在你的帐篷。
尔撒的桌子。
当你斋戒，这张桌子就会出现，
桌上摆满
比甘蓝菜汤更好的食物。

起誓

你走路一向很慢。
多年来心怀怨恨。
背负这样的沉重，你怎能自在？
心怀那样的执着，你怎能到达任何目的地？

想一窥奥秘，得变得像天空一样广大。
目前为止，你只是黏土、水和烂泥巴的
混合物。

易卜拉欣知道，日月星辰的设定者是谁。
他说："我不会再把自己视为真主的助手。"

你太弱小了。把一切交托给真主吧。
大海会照顾每一股浪涛，
直至它们登上岸。
你需要的帮助超乎自己的想象。
以真主之名起誓吧，
像在供奉祭品时那样起誓。

起誓弃绝你的旧我
以便找到你的真名。

让自己断奶

一点一点地，慢慢让自己断奶。
这就是我要述说的要旨。

胚胎从母血中获取滋养，
婴儿从母奶中获取滋养，
儿童从固态食物中获取滋养，
追寻者从智慧中获取滋养，
猎人从隐身的猎物中获取滋养。

想想该如何与母腹中的胎儿交谈。
你可以说："外面的世界广大而富丽。
麦田与群山处处，
果园中鲜花盛开。

晚上，万千繁星闪耀；
白天，红男绿女在婚宴上翩翩起舞。"

你问胎儿，外面的世界那么美妙，
为何他还要闭着眼睛，
蜷曲在母亲漆黑的子宫里呢？

请听胎儿的回答：
"没有'外面的世界'这回事。

我只知道我所体验到的世界。
你看到的一切不过是幻觉。"

冥想之后

我发现我的听众
不打算让我继续这样下去。

海水拍向岸边，
堆叠起泛着泡沫的浪墙，
然后退却。

待会儿，
它会再次回来。

我的听众希望多听些
关于苏非和他的朋友们
冥想时发生的故事。
但要有辨识力。

可不要把这故事中的角色，
当成寻常故事中的寻常角色。

令人心醉神迷的冥想结束了。
食物都端了上来。

苏非记起了那头
驮了他一整天的驴。

他嘱托朋友家的仆人说："有劳你
到马厩去，把大麦和稻草混在一起，
喂我的驴子。谢谢。"

"不用担心。
这些事我都会料理妥当。"

"不过，还是请你务必先用水浸湿大麦。
因为那头驴子年纪已大，牙齿不太管用。"

"何必教我这个呢？
我知道怎么做。"

"能否请你先把鞍座卸去，
再为它的伤处抹些药膏？"

"我伺候过千百位客人，
全都满意而归。
在这里，你就和家人一样。
不必担心，尽情享受吧。"

"不过可否先帮它温一温水，
只放一点点稻草到大麦里？"
"先生，你太小看我了。"
"还请你把马厩地上的石头和粪便清一清，
再往上面撒些干燥的沙土。"

"先生，拜托，
把这些事交给我！"

"你会帮它梳理背上的毛吗？
它喜欢那样。"
"先生，这些我
都会亲自做！"

仆人转身，干脆地走到街上，
和朋友们碰面。

苏非躺下睡觉，
做了一些关于他那头驴子的噩梦：
不是梦见它被狼撕成碎片，
就是梦见它摔进壕沟，
无助地哀鸣。

他的梦是真的！
他的驴子真的被完全丢下不管，
彻夜没吃没喝，

虚弱得倒吸着气。
那仆人没做半件他所承诺的事。

在你的一生中，一定会碰到
无数口惠而实不至的谄媚者。
照顾驴子的事情，
千万要谨慎。

不要假手于人。
很多伪善者都会阿谀奉承，
可他们根本不会管
你心驴的死活。
当你猎食真正的食物时，
务必像头狮子一样勇猛专注，
绝不要被任何甜言蜜语
分了心。

在门外守候的狗

当你的灵魂落入欲求的主宰时，
情形就好比：

你有一块上好的亚麻布，

本想用来做成衣服，送给友人，不料有人却用它
做了一条裤子。
在这种情形下，亚麻布除了就范，
别无选择。

又好比：
有人闯进你家，
进入遍布荆棘的花园。
一桩让人蒙羞的耻辱降临此地。

又好比：
你看到一条牧人的狗
守在帐篷之外，它的头
搁在门槛上，两眼合上。
小孩拉它的尾巴、摸它的脸庞，
但狗一动不动。因为
它喜欢孩子们的注意，所以分外顺服。

不过，每当有陌生人经过，它就会狂暴地
一跃而起。要是狗的主人
无法控制它怎么办？

一个托钵僧走近牧人的帐篷，
狗猛地冲了出来。
托钵僧喊道："要是这狗胆敢咬我，
我就只能指望真主保护了。"

牧人不得不说："我跟你一样！
就算在家里，我拿它也一点办法都没有！

"就和你没法走过来一样，
我被困在帐篷里，
出不去了！"

一旦欲求变成了不受控制的怪物，
它就会毁了生活中的清新与美。

想想带这样的狗去打猎
会有什么后果。
你会成为猎物！

◗

你身上发出的光
并非来自某个子宫。

你的容颜，并非源于精液。
不要试着掩饰
那无法隐藏的怒气。

照顾两家店

你走遍世界
也休想找到一个可以安全藏身的洞。

每一个洞穴里都有猛兽！
如果你与老鼠同住，
猫爪子就会靠近你。
唯一真正的休憩，
是与真主的独处。

住在你所来的无有之处，尽管
你在这世上已有一住址。

那正是你为何会有两种
看待事物的方式。
有时你把一个人看成愤世嫉俗的毒蛇，
其他人则把他看成令人愉悦的爱人。
两种看法都没有错！

每个人都有两面，
就像有黑白两色的牛。

优素福在兄弟眼中是个丑汉，
但在父亲眼中却是个俊男。

你拥有能从无有之处观看的眼睛。
你的眼睛可以判断距离，
可以判断高低。

你拥有两家店，
两头奔跑。

关掉那家
越来越走入死胡同的店吧。
不管怎么移动，你听到的声音都是"将军！"。

继续经营那家
你不再卖鱼钩的小店。
你就是那尾在水中自由自在游弋的鱼。

◗

想象你是一只飞出悬崖边缘的鹰，
想象你是一头在森林里独行的虎。
在寻找食物时，你最威风。

少跟夜莺和孔雀厮混。
前者只有声音可取，
后者只有颜色可取。

7 神秘谈话：河边的会晤

关于神秘谈话

"sohbet"这个词在英语中没有对应的概念，它的意思接近于"关于神秘事物的神秘谈话"。鲁米的诗歌常常包含着内外不同层次的对话。外在层次的对话可一目了然地见于他诗歌中的引言，而内在层次的对话则渗透于他诗歌的全部肌理中。在最普通的层次上，我们有时会发现自己用某种习惯性的刻薄或者可接受的乐观主义的模式说话；在其他一些时候，我们说出连自己都颇为惊讶的不同寻常的智慧之语。不同层次声音之间的转换是在不同实在之间的转换。而这也和鲁米诗中的游移不定的代名词相似。

通常，鲁米诗中的"我"指涉的是作为说话者的那个有血有肉的人格我，而"你"则指涉那个无形无影的显现者；但有时候，令人讶异的是，那个无形无影的显现者又会反过来透过诗歌对鲁米说话。即使在一首很短的诗中，我们也可以发现多个不同的声部在来回应答。

鲁米的诗像一道介于两者之间的滑溜门槛，"部分是内在的，部分是外在的"，声音来自中间地带。这种身份的扩张和对比，正是鲁米诗艺的一大扣人心弦处。依鲁米之见，万物皆为对谈。

人类就是言说。不管你开口与否，言说都会从你身上流淌而过。每一件事情都灌注着欢乐与温暖，因为言说的愉悦，无时或止。

——《言说》第五十二篇

鲁米的诗歌把层层交织的言说海洋反射到我们眼前，它们是那么精微而流动不居，直叫一板一眼的文法学家大叹摸不着头脑。

夜里的对话

我在夜半呼喊：
"谁生活在我所拥有的这份爱中？"
你说："我。可是这里不只有我。
为什么我周遭有这么多形象呢？"
我说："那是你自己的镜像。
如同生活在土耳其斯坦的那些美丽的奇吉尔人
彼此肖似。"

你问："但这另一个活物是谁？"
"那是我受伤的灵魂。"
然后，我把这个灵魂
抓来变成你的囚徒。
"这是个危险人物，
不要轻易放他走。"我说。
你眨眨眼，给了我
一条细细的绳索。
"把绳拉紧，但不要扯断。"
我伸手要触碰你，但你把我推开。
"你为什么要对我这么凶？"
"自然有理由，但绝不是
为了赶你走！任何来到这地方，
却说出'我来了'之类的话的人，
都应该被掌掴。

这里不是羊圈。

"这里不存在任何距离。
这里是爱的圣所。

"擦亮你的眼睛，
用爱来看清楚爱。"

鼠与蛙

一只老鼠和一只青蛙每天早晨都会到河边碰面，
促膝而坐，谈谈说说。

每天早晨，它们一见到彼此，
就会敞开心扉，互吐故事、梦想与秘密，
毫无恐惧，毫无疑虑，毫无保留。

观看它们共处，聆听它们谈话，
我们就明白，为什么经上会说，
只要两个人同心，
尔撒就会显现。

老鼠一边哈哈大笑，一边讲述一个

它已经五年没讲的故事，
而要讲这个故事，可能要花上足足五年呢！
它们亲密无间，
话语如滔滔河水，势不可当。

在鼠与蛙之间，
怨恨毫无可乘之机。
真主的使者希德勒[1]触碰一尾烤鱼，
它立刻活转过来，从烤肉架上
跳回水里。

朋友相依而坐，镌刻着奥秘的碑文就会显现。
它们可以从彼此的前额，
读出奥秘。

但有一天，老鼠抱怨："有好多次，
我想跟你谈话，你却潜入水里，
听不到我的呼唤。

"我们都在约定的时间碰面，
但经上说：恋人恒常为彼此祷告。

"一周见一次，一日见一次，
乃至一小时见五次，

---

1 详细注释见后文第 212 页。

都不够。鱼儿无时无刻不需要大海。"

驼铃会对骆驼说这样的话吗？
"我们周四晚上再来这里碰面吧！"
荒谬。骆驼走到哪里，
驼铃就永远跟到哪里。

你会恒常造访你自己吗？
不要用理智来争辩或回答这问题。

让我们死去吧，
在奄奄一息中，回答。

长绳

老鼠问它挚爱的青蛙："你知道
你对我来说意味着什么吗？白天，
你是我工作的动力。夜晚，
你是我最深的睡眠。
但除了在时间之内，
我们在时间之外也可以在一起吗？

"物理上，我们只在早餐时碰面。

你在白天其他时光的缺席
填满了我所有的渴望！
我一顿海喝，
比平常多出五百倍。
我一顿猛吃，
像个想要死去的暴食症患者。
帮帮我！
我知道我不配，
但你的慷慨何等广大！"

让你的阳光照在这堆粪土上
把它晒干，好让我可以被用作燃料
去温暖和照亮一间澡堂。

看看我做过的可怕蠢事，
让药草和野蔷薇都滋长出来。

有了阳光，大地就是这样一番景象。
想想真主可以从罪的施肥者身上
获得多少荣耀！

老鼠继续恳求："我的朋友，
我知道我在你眼中很丑。
我在自己眼中也丑！
我太丑了！
但当我死去的时候，你会悲伤，

对不对？你会坐在我的墓边
稍稍哭泣，对不对？
我的全部所求不过是，
当我还活着的时候，
花一点时间陪我！
我现在就需要你。马上！"

某个富人习惯给苏非几枚银两
向他致敬。

"你是喜欢现在就拿到一两银子，
我精神的主，还是宁愿等到明天早晨
拿到三两银子？"
苏非回答说："我更喜欢昨天拿到手的半两银子，
而不是今日给我一两、明日给我一百两的承诺。
一个苏非是当下之子。"

回到那只老鼠，它说："现在的
手中握有现金。打我巴掌吧，
脖子上，任何地方！"

万千世界的灵魂的我的灵魂的灵魂
请成为这条当下之河中的水吧，这样，茉莉花
就会在边缘长出，站在远处的人
就可以看见花朵的颜色，
知道水在这里。

"征兆就在表面。"当你望向果园，
便可以说出昨晚是否下雨。鲜嫩的一片
便是标记。

老鼠又说："朋友，我属于大地，
为大地而生。你属于水。

"我总站在岸边呼唤你。
行行好。我不能随你到水里。
有什么方法可以让我们保持联系吗？
一位信使？一些提醒？"

两个朋友断定，答案是
一条长长的绳索，一端系在
老鼠脚上，另一端系在青蛙脚上。
拉动绳子时，它们的秘密联系
就会被忆起，两人就可以见面，
一如灵魂和身体那样。

青蛙似的灵魂常常逃出身体，
在快乐的水中遨游。
当老鼠拉动绳子时，灵魂就会想：
该死，我得回到河岸
和那只忘事的老鼠聊聊了！
当你真正醒来，在复活日，
你会听到更多！

所以老鼠和青蛙绑上绳子，

哪怕青蛙预感

某种纠缠将会发生。

永远不要忽略这类直觉。

当你做着什么事又有些不好的预感时，

便应留意。这种警告来自真主。

记得那只战象的故事吗？

当你要它向卡巴天房[1]方向走时，它就会

瘫软；当你指向也门时，

它却健步如飞。

它对看不见的界域心有灵犀。

先知叶尔孤白也是这样。当他的其他儿子

说要把优素福带到野外去待两天时，

他心里不舒服。果然，

虽是天意，他也曾有预感，

事情还是发生了。

掉入坑里的

并不总是盲人。有时是一个有视力的人。

圣者偶尔会掉入坑中，

但经由那磨难，他或她会升华，

1　阿拉伯语意为"方形房屋"，位于沙特阿拉伯麦加城圣寺中央，是一座立方形高大石殿，被称为伊斯兰教的第一圣殿。

逃出诸多幻象，逃出传统宗教，
逃出现象的束缚。

想想"现象"是怎样成群结队地
走出"非存在"的沙漠，
变成物质。
夜以继日，
它们源源不断地抵达，
互相取代："轮到我了，走开！"

当儿子成年，父亲就会停止工作。
这现象之地是宽阔的公路交叉口，
万物通往四方。
我们看似在静坐，
却在移动，而对现象的诸种幻想
渗入我们心田，如同观念滑过幕布。
幻想流入我们每个人
心田的深情之井，
注满那里的水罐，然后离开。

幻想有其源头，
我们内心有个源泉。
做个慷慨的人，
心存感激。
若你不是，那就坦白吧！

我们无法知道
神圣的智者
在想什么！

站在这拥堵思绪中的我，
又是谁？

友谊的力量

一头海牛，一头儒艮，找到一颗特别的珍珠，
夜晚把它带回陆地。借着它发出的光，
儒艮可以咀嚼风信子和百合。

儒艮的粪便是珍贵的香料，
因为它吃的食物很美。任何受宏大之物滋养的人
都会变得雄辩。缘于神秘主义者的灵感，蜜蜂
在它的房间里酿满了蜜。

儒艮在夜里借着珍珠之光吃花草。
很快，一个商人走来，
用黑色的沃土盖住珍珠，
然后躲在树后观望。

儒艮像盲牛一样在草地上乱撞。
它二十次扑空，爬过了
珍珠所在的土墩。
所以，晒依塔乃无法看见
阿丹内在的精神。
真主说："下降。"
然后一颗来自阿丹国的大珍珠就被埋在泥土里。
商人知道，
但儒艮不知道。

每一堆埋有珍珠的黏土
都喜爱接近其他埋有
珍珠的黏土，
但那些没有珍珠的人却不堪忍受
隐蔽的友谊。

还记得河岸上的那只老鼠吗？
它将一条爱之绳索伸到水里，
盼着青蛙的到来。
一只渡鸦突然抓住老鼠，
飞入天空。河底的青蛙
因为一只脚被看不见的绳索缠住，
随老鼠往上飞，悬在半空。
人们惊讶地问道：
"何曾见过一只渡鸦飞入水中，
抓住一只青蛙？"

青蛙回答说：

"这就是友谊的力量。"

让朋友彼此靠近的东西，

不遵循自然法则。

形相并不知晓精神的亲密性。

如果一粒大麦靠近一粒小麦，

必然有一只蚂蚁在扛着它。一只爬在黑毡上的黑蚁。

你看不见它，但如果麦粒靠近彼此，

蚂蚁必然在那里。

一只手来回摆弄我们的鸟笼。

有些被凑近，有些被移远。

别试图理解其逻辑。你当明白

是谁拉近了你们。

吉卜利里总是和穆罕默德在一起，把他带往

深蓝色的穹苍，带到如夜晚城堡一般的世界。

一如渴求之鸦带着青蛙飞翔。

守夜

试着一夜不睡。

你最渴望的将会降临。

用内心的太阳温暖自己，你将会看到奇迹。

今夜，不要躺下。

只要坚韧，就会生出力量。

那备受礼赞者会在夜间显现。

睡着的人，就会错过。

有一晚，穆萨醒着没睡，结果

他在一棵树上看到了光。

之后，他在夜间步行了十年，

终于看见了整株光明之树。

穆罕默德骑马升天，也是晚上的事。

白天是工作的时间。

夜晚是爱的时间。

不要被别人迷惑。

有些人会在晚上睡觉。

但恋人们不会。

他们坐在黑暗中，对真主倾诉。

真主曾告诉达五德[1]：

"那些每晚都睡一整晚的人，

嘴里说爱我，但都是在撒谎。"

当恋人们感受到意中人的私密感

弥漫周身时，就会难以入眠。

口渴的人可能会睡着一阵子，

---

1 《古兰经》人物，基督教传统译为"大卫"。

但他会梦见水，满满一罐水，
就在溪边，或是得自另一个人的
心灵之水。彻夜，聆听
对谈。醒着。
这一刻就是全部。

死亡很快就会夺走一切。
你也会死去，这个世上不剩下
一个爱人，徒留野草
在荆棘丛中生长。

我说完了。用这个漆黑的夜晚，
读这首诗的剩余部分吧！
我有头吗？有脚吗？
沙姆斯，我闭上了双唇，
等待你来开启。

两个朋友

有一个人来到朋友的门前，
敲了门。
"谁？"
"是我。"

朋友回答："走开吧，这张桌子
没有地方放生肉。"

那个人去流浪了一年。
除了分离之火，
没有什么可以改变虚伪和小我。回来之后，那个人
已彻底成熟。
他来到朋友屋前，
轻轻敲了敲。
"谁？"
"你。"
"请进吧，我的自我，
这个屋子无法容纳二者。
正如线的两端叠在一起无法
穿过针孔。
只有细小的一端能够穿过，
带着行李的自我之兽无法进入屋子。"

但要怎样才能把骆驼打磨为一根细线？
通过修炼之剪，持续打磨。

还须别人帮忙，那个人
可以让任性者安静，
赐予天生眼盲者视力，
让不可能成为可能。

"真主每天都在做事。"
以此作为你的真经。

真主每天传递三大能量：
一是让父亲的精子进入母亲，
好让生长自此开始。
二是让大地的子宫孕育生命，
好让男女可以进入存在。
三是万物循生，
进入超越死亡的领域，
好让真正的创造之美得到认同。

这一切无法言说。

让我们回到那两个
因为一根线联结为一体的朋友，
它们用两个字母
拼出那个太初的字：
BE[1]。
B 和 E 是主体和客体的两端，
打一个结就能将它们固定。剪刀只有拥有两片刀刃
才能合力一分为二。
且看两个在洗衣服的人。
他们一个把干衣服弄湿，另一个

1　BE 是"有"之意，是真主用来创造世界的字眼。（中译者注）

把湿衣服弄干。他们看似彼此妨碍，
又完全和谐。

每个圣者看来都有不同的教义
和修行方式，但事实上只有一种工作。

有个聆听石磨转动的人睡着了。
不要紧。石磨会继续转动。

来自石磨上方山脉
的水会继续往下流动。
睡眠者会获得他们的面包。

它在地下流动不息，没有声响，没有
重复。向我们展示那没有字母的
言说的本源。那是一片广袤之地。

此刻我们的所在，
是一个源自那里的狭隘幻想，
而现实的外在世界
更加狭隘。狭隘是痛苦，
而狭隘的根源是多。

真主创造万物之初，先是用一个声音说出：BE。
记录它的两个字母，B 和 E，
随之而生。

那声音的意义和它的回声
是一。

这一切，用这么多词语，
无法言说！

此时，一头狮子和一只狼正在打斗……

热爱祷告的仆人

破晓时分，
一个富人想去洗蒸汽浴，
便唤醒仆人辛古，吩咐他：
"哎，走吧。把浴盆、毛巾和黏土[1]带齐，
我们到澡堂去洗个澡。"

辛古马上备齐所需的一切，
和主人并肩上路。

经过清真寺的时候，呼唤人们祷告的宣礼声刚好响起。
辛古热爱一天五次的祷告。

---

1 在民间医学观念里，黏土有保养皮肤等用处。

"主人，请你坐在长凳上稍候，

我念完《古兰经》第九十八章，便马上出来。

那一章的开头是：

'用慈爱之心对待你的奴仆。'[1]"

辛古在清真寺内祷告的当儿，

主人在外头的长凳上坐着等待。

祷告结束后，教士和信徒一一离开，

唯独辛古留下了。

主人等了又等。最后，他往清真寺门内喊道：

"辛古，你为何还不出来？"

"我不能出来，里面的一位智者不让我出来。

请再等一等，我听到你在外面了。"

之后，主人又先后喊了七次，

而辛古的回答一律是：

"还不行，他不让我出来。"

"可是里面除了你，并没有其他人！

人都走光了。

让你在里面待这么久的又是谁呢？"

"让我待在里面和让你待在外面的，

是同一个人。

不让你进来和不让我出去的

---

1 《古兰经》第 98 章《明证》首句为："信奉天经者和以物配主者，他们中不信道的人没有离开自己原有的信仰，直到明证来临他们。"并无此句。

是同一个人。"

大海不会让鱼儿离开，
正如它不会让走兽进入。
大海是敏感纤细的鱼儿的遨游之地。

走兽该活动的领域是陆地。
任何聪明才智都无法改变这一点。
只有一个开锁人，可以开启此锁。

停止你的算计。忘却你的自我。
聆听真主的话音。
当你完全顺服于他，
你将获得自由。

万川共流

不要松开弓弦。
我是你从未用过的
四羽箭。

我说的话，像刀刃一样硬朗，
绝不会像"也许"或"如果"一类的字眼，

一触空气，旋即解体。

我是刺入黑暗的阳光。
是谁创造了这个夜晚？
一个深藏于泥土中的熔炉。

什么是身体？
忍耐。

什么是爱？
感恩。

我们的胸膛中隐藏着什么？
笑意。

还有什么？
怜悯。

让我的意中人像帽子一样紧扣在我头上，
或像拉绳一样紧绑在我胸前。

有人问，爱怎么会有手和脚？
爱是孕育手和脚的温床。

若你父母不玩爱的游戏，
又怎么会有你的存在？

不要问爱能成就什么，
五彩缤纷的世界就是答案。

河水流淌，万川共流。
真理显现于沙姆斯的脸庞。

有阻碍的路

我希望我知道你想要什么。
你挡在路上，不让我歇息。
你时而把我的马缰扯向一边，时而又扯向另一边。
你怎么这么粗鲁，亲爱的！
你听到了我说的话吗？

这个促膝而谈的长夜会结束吗？
为何面对你时，我会如此羞涩局促？
你是万千。你是一。
静默，却传达出最多。

你的名字是春天。
你的名字是酒。
你的名字是因酒醉而来的呕吐！

你是我眼神中的
疑惑和灵光。

你是万事万物，
我却像想家一样想你。

我到得了那里吗？
那个鹿扑向猛狮的地方。
我到得了那里吗？
那个我所追寻的人同样在追寻我的地方。

让我的话像鼓一样急擂！
让它擂破鼓皮，
沉入寂静。

永恒的对谈

管弦乐团里谁最幸运？芦笛。
它有幸亲吻你的双唇，学得妙韵。
这是所有芦苇的唯一想望。
它们在甘蔗丛中摇摆，
舞姿自由自在。

没有你，乐器就会失灵。

一个紧挨着你坐，另一个给你长长一吻。

小铃鼓哀求道："触摸我的肌肤吧，

让我成为自己。"

让我感受你进入我全身的每一根筋骨，

让昨晚已死的我，今天变得完全。

为什么要我清醒地活着，感受到你的退却呢？

我才不要。

要么给我足够的酒，要么不要来找我。

既然我已知晓

和你进行永恒的对谈是怎样一种感受。

故事之间

现在，从大海

回返至干旱的陆地上来吧。

如果你跟小孩在一起，

跟他们谈论玩具。

从玩具开始，一点一滴，

他们就能获得更深刻的智慧与澄明。

慢慢地，他们就会对玩具失去兴趣。

他们身上的万物合一感固已有之。

如果他们完全疯狂，

就不会再沉迷于游戏。

你听说过

那个找寻宝藏的人的故事吗？

他希望我能把这个故事讲完。

你没听说过他吗？

他在我内心喊道："过来这里！

过来这里！"

然而，不要把他看成一个追寻者。

因为要是他有所追寻，

他追寻的也只是自己。

若一个爱者不是被爱者，又能是谁呢？

每隔一秒钟，他都会对镜鞠躬。

如果有一刻，他能在镜中

看到哪怕一个分子，而不浮想联翩，

那他会爆炸。

他的想象，他的所有学识，

乃至他自己，都将消失。

他将获得新生，眼睛变得无比明亮。

他将听到一个声音对他说：我即真主。

同一个声音指示众天使向阿丹叩首，

因为他们跟阿丹原是一体。

正是那个声音第一次提出：
"万物非主，唯有真主。"
这时胡萨姆贴近我的耳朵说道：
"洗洗你的嘴巴吧！
当你试着把这些道理说出口，
你也将其掩盖。不要继续说这个
托钵僧寻宝的故事了。

"你的听众只爱听困难，不爱听合一！
跟他们讲讲世间的麻烦事吧。
不要给他们源泉之水，
那不是他们想要之物。
事实上，他们背着泥巴，
打算把源泉堵死。"

我和胡萨姆，既是奥秘的言说者，
也是奥秘的聆听者，
但有没有第三者，愿意加入
这奇特的伙伴关系呢？

胡萨姆也正想知道呢！

帐篷

外面，是沙漠酷寒的夜。
这里却越来越温暖，让人兴奋。
一任大地被荆棘所覆盖吧，
我们这里有柔软的花园。
所有大陆都被轰炸，
大城小镇，一切的一切，
都变成一个烧焦的黑球。

关于未来，我们听到的，
莫不是充满哀伤的消息：
但在帐篷里，真正的消息是：
根本没有任何消息。

◗

朋友，我们亲密如是：
你每踏出一步，都可以在
脚底的坚实中感受到我。

我看到的是你的世界，而非你，
这份爱是怎么回事呢？

聆听诗歌中的存在，
任它们带领你遨游。

追随那些秘密的暗示，
永远不要丢掉前提。

8 日出的红宝石：当个情人

关于当个情人

当情人和当工人很类似：都是件需要卖力苦干的差事。一颗红宝石若想与日出合而为一，就必须每日修炼，让自己保持晶莹。据说，有一个苏非曾撕开自己的袍子，露出下体，并为之取名"法拉吉"（faraji）。"法拉吉"意为"扯开""欢愉"或"带给你敞开般的欢愉"。这个字衍生自"法拉伊"（faraj）一词，后者意指男性或女性的生殖器。

苏非派的导师总能在被一般人视为龌龊的东西中看出圣洁的一面。当覆盖物被掀开，祥和与爱心就会从情人—工人的身体中源源流出。在另一首诗里，鲁米指出，人生在世应该像个客栈主人，把照顾好每个投宿的客人视为己任。

红宝石

清晨时分，
就在日出之前，一对爱侣醒来，
喝了一口水。

她问："你爱我甚于爱你自己吗？
老实告诉我。"

他回道："我毫无保留，
就像一块举向朝阳的红宝石。
你说，它仍旧是块石头呢，还是
已经变成了由红色所构成的世界？
它毫无保留，
一任阳光完全穿透。"

这就是哈拉智[1]说"我即真主"的原因。
他说的是真理！

红宝石和朝阳已成一体。
提起勇气，锻炼你自己。

全然成为耳朵，

1　伊斯兰教苏非派著名代表，相传宣称"我即真主"。

戴上这如朝阳一般的红宝石耳环。

工作吧。继续挖你的井。
别总想着摆脱工作。
泉水就在某处。

臣服于每日的修持。
你的坚持，是门上的环。

不断地叩门，里面的欢愉
终会打开窗户，
看看来的是哪位贵客。

泉水

烛光里到底是什么，
一瞬之间，照亮我又吞噬我？

回来，我的朋友！我们的爱情
并非被创造出来的形相。

没什么能帮助我，除了那美。
我还记得，有一个黎明

我的灵魂听到
来自你灵魂的声响。

我喝了从你的清泉中流出的水，
顿觉那水流淹没了我。

音符

忠告对情人是无效的！
他们并非山间小溪，
可以用沙坝拦堵。

理智的人无法了解
醉鬼的感觉！

别去揣摩
在爱情里迷失的人
接下来会做什么！

掌权者也许会放弃权力，
如果他嗅到一股酒香和麝香
从房间里飘出，天知道情人们
正在做着什么事！

有人妄想凿穿一座山。
有人逃离学院的荣耀。
有人嘲笑远近闻名的胡髭！

生命会冻结，如果它没机会一尝
这枚鲜美的杏仁蛋糕。
繁星每晚旋转着
出场，在爱情里迷惑。
它们会逐渐厌倦这
不停的旋转，如果它们尚未疑惑。
它们会说：
"我们要转到何时？"

真主拾起芦笛，吹了起来。
每个音符皆是我们的一个想望、
一阵热情、一阵憧憬的痛苦。
记牢那些芳唇，
那是风之气息的源头，
让每个音符清亮。
别急着结束。
成为你的音符。
我将告诉你，如何才算足够。

夜晚爬上屋顶，
在这座灵魂的城市。

让每个人爬上他们的屋顶，
唱出他们的音符！

高声歌唱！

花岗岩和酒杯

你是花岗岩，
我是空空的酒杯。
你知道我俩相撞的下场！
你像太阳般窃笑着，笑那些
被你的强光吞没的星辰。

爱情打开了我的心胸，
思想重新被禁锢起来。

耐心和理性的思维都已远离，
只留下热情，狂热地低咽着。

有男人在路边伏下，如被弃置的酒渣。
第二天一早，他全然无所谓，
带着新的目标，又蹦跳起来。
爱情是真实，诗句是

呼唤我们走向它的鼓。
别喋喋抱怨寂寞！
让那可怕的语汇随风而逝。
让那祭司自塔上下来，别再上去！

浮力

爱情扰乱我的修持，
让我满心诗意。

我一次又一次试着轻声念诵：
除你以外，我别无力量。
但我无法专心致志。

我必须击掌歌唱。
我曾经受人尊敬、贞洁且坚定，
但谁能顶着强风，
又同时记住这些？

山脉在深处保存了一阵回声，
我亦这般留住你的声音。

我是被丢入你火堆的木屑，

迅速地化为轻烟。

我一见到你，就变得虚空。
这虚空，比存在还美丽。
它摧毁了存在，然而当它来时，
存在又蓬勃起来，创造出更多的存在！

天空蔚蓝。世界是个
蹲坐在马路上的盲人。

凡看到你的虚空的人
他的目光也能超越蔚蓝和盲人。

一个伟大的灵魂躲藏着，像穆罕默德或尔撒，
在城市拥挤的人群中穿梭，
没有人认得他。

赞颂一个人就是赞颂他
如何顺服于虚空。

赞颂太阳就是赞颂你自己的眼光。
赞颂，是海洋。我们的话语，是一叶小舟。

海上的航行继续着，谁知身在何方！
单单能被海洋托持着，就是我们所能拥有的大幸。这是
全然的清醒！

我们为什么要因长久的沉睡哀伤？
我们失去知觉多久，实在无关紧要。

我们虚弱无力，让罪恶感见鬼去吧。
好好感受你周围的
温柔，那是浮力。

乐师

你这钟情恋人的人，
这是你的家。欢迎光临！

在制造形相的迷雾里，爱情
制造了这融化形相的形相，
以爱为门，
以灵魂为前廊。

注意看那些
在临窗的光线里飘舞的尘埃。

它们的舞蹈就是我们的舞蹈。

我们鲜少聆听内在的音乐，

但我们莫不随它起舞。

接受施教者的指导，
太阳的纯粹欢乐，
是我们的乐师。

◗

当你在我身边，我们彻夜不睡；
当你不在身边，我无法成眠。

为这两种失眠
以及它们之间的差别，
赞美真主！

◗

乍听到我的初恋故事，
我就开始找寻你，完全
没意识到自己的盲目。

情人不会在某处相遇，
因为他们本来就一直生活在彼此之中。

◗

我们是镜子，也是镜中之脸。
我们此刻正品尝着永恒的瞬间。
我们是痛苦，也是
止痛药。
我们是甘甜的凉水，也是
倒水的坛子。

◗

我渴望将你如琵琶般紧抱，
如此，我们就可以高声唱出爱情之歌。

你想向镜子扔石头吗？
我是你的镜子，这里有些石头。

挖洞

眼睛为观看而生，
灵魂为自己的快乐而生。
头脑有个功用：爱一个真爱。

至于腿：为了追求。

爱情是为了在九霄中隐没。心智
是为了学习人类曾经做过和尝试去做的事。
神秘不是为了被人发现。眼睛什么也不会看见，
如果它一心只想弄明白"为什么"。

情人总是会被责难。
然而，当他终于找到他的所爱，
他失去的一切，
就会以全新的面貌，一一回归。
即使前往麦加的路途危机四伏，
每位朝圣者仍莫不深切渴望
亲吻那里的黑石，
感受双唇的滋味。

这席话就像压印新硬币。
硬币愈堆愈高，
但实际的挖掘工作，
却在外头进行。

客栈

人生就像一所客栈，
每天早晨都有新的客人。

"欢愉""沮丧""卑鄙"，
这些不速之客，
随时都可能会登门。

欢迎并且礼遇他们！
即使他们是一群惹人厌的家伙，
即使他们
横扫过你的客栈，
搬光你的家具，
仍然，仍然要善待他们。
因为他们每一个
都可能为你除旧布新，
带来新的欢乐。

不管来者是"恶毒""羞惭"，还是"怨怼"，
你都当站在门口，笑脸相迎，
邀他们入内。

对任何来客都要心存感念，
因为他们每一个，

都是另一世界
派来指引你的向导。

9 鹤嘴锄：挖掘地下的宝藏

关于鹤嘴锄

一般人把身份认同看成由我们认同的东西组成的一个结构，但鲁米鼓励我们把那个打满补丁的身份认同，连同其一切生理上的饮食需要，一起捣碎。精神生活不完全是充满狂喜的顺服。鲁米劝诫我们，不要太轻易屈服于自我贪求安逸的那一面，相反，应当祈祷有一位严厉的导师。我们只有彻底与自己所拥有和想望的东西决裂，才有可能发掘出潜藏在存在深处的真正宝藏。

鲁米用鹤嘴锄这个意象来指涉任何可以达成改造工程的工具：明晰的辨别能力、严厉的导师、简朴的力量和对自我的诚实。鹤嘴锄可助我们拆解虚幻的个性，挖掘出被污泥所掩埋着的闪光点。

改变

是谁造成了这些改变？
我朝右边射出一支箭，它却射向左边。
我骑马追逐一只鹿，却发现
自己正被一头野猪追逐。
我殚精竭虑谋这谋那，
却在牢狱里终了余生。

我为别人设了陷阱，
自己却掉了进去。

我当初实该质疑
自己想要的是什么。

审判日 [1]

在审判日，你的身体会做不利于你的证明。
你的手会说："我偷窃过钱财。"
你的唇会说："我口出过恶言。"

---

1 穆斯林的六大信仰中有后世，即今世所做的善恶都会在后世审判日得到审判。

恒常、敏锐地聆听。

像一棵高举手臂的枣椰树那样，

站在开阔之处。

让我们热爱的美成为我们所做的事情。

有千百种俯吻大地的方式。

爱者的食粮，是爱，不是面包。

没有任何爱者，爱的是实际的存在物。

天色已晚，许多该谈的话还来不及谈。

没关系，今夜来不及，还有明天。

让你的智慧保持炽热，
让你的泪水保持闪耀，
那样你的生命就会日新又新。
不要介意像孩子般哭泣。

伤害你的，也必护佑着你。

黑暗就是你的蜡烛。

你的边界，就是你追寻的起点。

想象你是一头在森林里独行的虎。

在寻找食物时，你最威风。

少跟夜莺和孔雀厮混。

前者只有声音可取，后者只有颜色可取。

找志同道合的朋友相互扶持。

跟他们一道研读神圣的经典,

讨论彼此的言行举止,

一起修持。

你的双脚会说："我到过不该到的地方。"
你的生殖器会说："我也是。"

它们会使你过去那些虚假的祷告现形。
你且噤声，让你的身体一吐为快，
像个跟在老师身后的学生那样说：
"他比我更懂。"

解梦

此地不过于一场梦中。
只有沉睡的人以为是实境。

随后，死亡如黎明降临，
你醒来不禁嘲笑
你曾经以为的哀伤。

但这个梦毕竟有异。
所有在这个虚幻的现世做的
残忍、无心之事
并不会随死亡之际的清醒而消散。

它徘徊着，

必须被解读。

所有恶意的讪笑，
一时的感官欲望，
优素福的破衣，
全变成你必须面对的
凶猛野狼。

不期而至的复仇，
报复性的迅猛一击，
不过是一个孩童对另一个
孩童的游戏。

你知悉此地的割礼。
在彼处它则被视为阉割！

在我们身处的不稳定年代
这是它的样貌：
一个人在他生活的城市
酣然睡去，梦见自己住在
另一个城市。
梦里，他并不记得
他所伏枕安眠的城市。他坚信
梦中之城的真实。

世界就是这样一场梦。

废墟之上的尘土
笼罩着我们，如一个健忘的假寐，
但我们比这些城市还古老。
我们的初始是矿物。
后来进化为植物，
然后是动物，之后成为人类。
我们总是遗忘先前的状态，
除了早春时分，我们会稍微忆起
大地再次葱茏。
这是年轻人寻求
导师的路径。这是为什么婴孩依偎着
胸脯，浑然不觉欲望的奥秘，
只是本能地这么做。

人类在一条进化的跑道上被引领，
历经重重智性的转变，
我们看似沉睡，
内在却清醒着。
它导引梦的方向，
并最终会让我们愕然于
自我的真相。

鹤嘴锄

我是一块未出土的宝藏，渴望被人发现。
我要对这两句经文做些注解：

推倒这幢房子吧，成百上千的新屋
将从此地立起，

因为这地下埋藏着
晶莹的黄宝石。

找到它的唯一方法，就是拆掉房子，
深深地挖入地基。有了黄宝石，

新的房屋就可以不费吹灰之力建成。
再说，你拆不拆，这幢房子

迟早都会倾圮。到时，
黄宝石将不属于你。

埋藏的财富是你拆掉房子和挖掘的报酬。
如若你干等，到别人发现宝藏时，

你只有咬自己手指的份。到时候你准会
自怨自艾：

"我未做该做的事。"
你住的只是间租来的房子，你并没有地契。

你在此开了一爿小店，
以缝补破衣讨生活。

但就在你脚下几尺之深
藏着两条宝石矿脉。

快！拿起鹤嘴锄，撬开地基。
你得放下手头裁缝的工作。

何谓缝缝补补？你问。
就是吃吃喝喝。

你的身体像件沉重的斗篷一样不断被磨损，
你以食物和其他无止境的自我满足来缝补它。

快掀开裁缝店的一角地板，看看地下。
你将发现泥土中的两块闪光之物。

男子气概的精髓

男子气概的精髓并非源自他的性别，
也非源自友善的慰藉。

你的老祖母说："你脸色苍白，
也许不该去上学。"

当你听到这种话，赶紧跑。
父亲严厉的巴掌比这好。

你的身体渴望安逸，
严父却期盼精神的净洁。

他指责你，但最终
引你走向开阔的天地。

祷求上天赐你一位严厉的导师吧！
聆听他，学习他，让他长驻心田。

我们镇日忙于积攒慰藉。
害怕面对过去的自己。

我钦佩那些努力摒弃谎言的人，
他们让自己虚空，
只留下清明。

托钵僧

一位托钵僧叩门乞讨面包，
或干或湿都无所谓。

"这里不是面包店。"屋主说。

"那么，可否给我一丁点软骨？"

"这里看起来像肉铺吗？"

"一点面粉呢？"

"你听到磨石运转声了吗？"

"一点水呢？"

"这儿可不是一口井。"

不论托钵僧问什么，
屋主总是刻薄地嘲讽，
拒绝施与任何东西。

最后，托钵僧跑进屋，
撩起袍子，蹲下身，
一副要解手的样子。

"嘿，嘿！"
"安静点，你这可怜人。一处荒凉地
是方便的好地方。
既然这里没有生物，
又无生之所资，它需要人来给它施些肥。"

托钵僧开始自问自答。

"你是哪一种鸟？
不是被皇族圈养的猎鹰。
不是身上画着千百双眼睛的孔雀。
不是为几块糖学舌的鹦鹉。
不是如恋人般歌唱的夜莺。

"不是为苏莱曼王捎信的戴胜鸟，
不是筑巢在崖边的鹳。

"你究竟是什么？
你根本不是有名姓的物种。

"你讨价还价、揶揄讪笑，
以保有自己的资产。

"你忘了那个唯一者，
他不在意所有权，
也从不汲汲于从别人身上
谋取利益。"

10 渴望得到新琴弦：艺术是对顺服的挑逗

关于挑逗

我们不可能从幕布上的图推知幕布后面是什么东西。但艺术家钟情于封闭的形相：相比于整片瀑布，他们宁可用链条在瀑布旁边绑上一只杯子，舀水浅尝一口。形相总会不断分裂增生，但老琴师不知止，在旧的琴弦断掉后仍渴望得到新的琴弦。

有些苏非认为，艺术之美会减缓灵魂的成长。艺术让人浅尝辄止，无法完全领受顺服的福乐；美丽的诗歌让人始终徘徊在与真主合一的无边忘我境界的边缘，不得其门而入。鲁米建议，不要继续撩着袍子在水面走了，干脆点，褪去全部衣衫，赤身裸体潜入水中吧——潜下去，再潜下去！

欧麦尔和老琴师

竖琴家老了。他的声音喑哑，
几根琴弦也断了。

他前往麦地那的墓地哭诉：
"主呀，你总是接受我的赝币！
请再次接受我的祷告，赐我足够的钱，
好让我可以为竖琴换根新弦。"

他把竖琴放平为枕，酣然睡去。
他的灵魂之鸟逃逸了！自他的躯体，
自他的悲伤，飞向无垠的空灵之境，
那就是它自己，它可以唱真实的歌。

"我喜欢这样：没有头颅和口舌却能品尝，
回忆过往却没有悔恨，没有双手却采摘了
一片绵延无尽的平原上的玫瑰和紫苏。
这是我的快乐。"
就这样，这只水鸟
一头扎进了它的海洋，

那是治愈艾优卜[1]所有病痛的源泉，

---

1 《古兰经》人物，即基督教传统中的"约伯"。

那是纯粹的日出。即使我的诗句有如天空一样广大，
也无法描摹这位老琴师梦中奇幻
的一半。若真有一条清晰的路
通往那里，没人愿意留在这儿。

与此同时，欧麦尔刚好在附近小憩。
一个声音传来："拿出七百枚金币
赠予睡在墓地里的人。"

当这样的声音出现，
每个人都知道它出自谁口。
无论是对土耳其人、库尔德人[1]、
波斯人、阿拉伯人，还是埃塞俄比亚人，
这个声音都有同样的威严！

欧麦尔到了墓地，坐在睡者身旁。
他打了个喷嚏，老琴师跳起来，以为
这位伟人来此责备自己。

"不是的。坐在我身旁。我有秘密要告诉你。
这袋金币足够你购买新琴弦。拿去，
买好再回来。"

老琴师领悟到，自己交了突如其来

---

1 生活于中东的游牧民族，为西南亚库尔德斯坦地区的基本居民。

的好运道。但他把竖琴扔在地上，
将它摔破。

"我一直为诗歌的每个音律和节奏烦心，
浑忘了一队又一队的商旅
已离我而去！
我的诗把我困在自我之中，
过去，我以为那是上天所赐的最大赠礼，
现在，我要归于顺服。"

当某人赠你黄金，
不要看着自己的手，也不要看着黄金。
看着施赠者。

"即使悲戚的指责，"欧麦尔说，
"也只是另一种形式的封闭，有如
芦苇的一个茎节。
刺穿茎节，让它中空，
芦笛才能奏出妙音。

"别像追寻者那样被他所追寻的蒙蔽，
为你的悔恨而悔恨吧！"
老人的心清醒了，他不再
沉醉于高音部或低音部，
也不再有泪或者笑。

在灵魂的真正晕眩中，
他坦然超越了寻觅，
超越了言语与诉说，
沉溺在美之中，
超越了救赎。

波浪盖过了老人。

关于他，已无话可说。

他抖落了袍子，
里面空无一物。

有一只猎鹰，振翅入林
追逐猎物却不再返回。
每时每刻，阳光
都是全然的虚空，
与全然的饱满。

▶

在你的光辉之中，我学会如何去爱。
在你的美之中，我学会写诗。

你在我的胸膛起舞，
别人看不见你，

但有时，我看得见，
而那一瞥成就了这件艺术。

▶

鼓声震天，
它的震颤，是我的心跳。

鼓点中有个声音说：
"我知道你累了，
但过来吧。这里有路。"

▶

你钦羡大海的辽阔吗？
你为何不愿
将这愉悦分享给每个人？

鱼儿不将圣水留在杯中！
它们悠游于广大无边的自由。

11 风中之蚊：合一

关于合一

　　鲁米的诗歌充满女性的智慧。他偏好使用阴柔而非阳刚的意象来描画人神合一的状态：吃着母乳的婴儿，在鱼儿体内流淌又将它带到大海的河水，在风中失踪的蚊子，与盐地完全融合的驴的尸体，能把箭射到自己脚下的神射手。这些都不属于英雄式的意象。

　　在一个狂风怒号、雷电大作的晚上，我在北佐治亚州一个朋友的家中做客。他忧心忡忡地喃喃自语："这样的天气，叫那些蜂鸟怎么办呢？"但第二天风雨过后，同一批蜂鸟又再次嗡嗡地飞到他的花园。显然，蜂鸟懂得跟风雨玩蚊子不懂的捉迷藏游戏。我有时会觉得，诗其实也是一个可供隐藏的空间：它们就像那间用来收藏旧衣服的密室一样，可以激起人们对它们所讴歌的玄奥经验的无限幽思。

风中之蚊

一些蚊子飞出草丛，
到苏莱曼王面前告状。

"苏莱曼王啊，你是受压迫者的守护人。
哪怕再微不足道的人，你都为他们伸张正义。
我们是脆弱的代表。
你能为我们讨回公道吗？"

"谁没有善待你们啊？"

"我们要控诉的是风。"

"好。"苏莱曼王答道，"我明白了。
但是记住，法官不能只听一面之词，
我也必须听听被告的答辩。"

"当然。"蚊子赞同道。

苏莱曼王传令："传东风到庭！"
风立刻到场。

但那些蚊子原告都去何处了？它们被吹得不知所终了。

这也是发生在
每一个寻道者身上的情形。
当真主抵达，
那些寻道者都到哪里去了？
他们先是濒死，
然后与真主合一，
就像风中之蚊。

请把这图案绣在你的地毯上

心灵的体验犹如一个谦逊的女人，
她只会对一个男人投以爱的眼神。

那是一条大河，
能供鸭子戏水，却会让乌鸦溺水。
这个可见的形相之碗装着
可提供滋养却又让心口灼痛的食物。
那是我们敬仰的一个看不见的所在，
它赐予礼物。

你是水，我们是石磨。
你是风，我们是被吹成各种形状的尘埃。
你是精神，我们是双臂的张合。

你是澄明，我们是试着述说它的语言。
你是欢愉，我们是各种各样的笑语。

任何移动与声音
都是信仰的宣示，一如
石磨的转动声，
是它信赖河水的证言！
没有任何比喻可以曲尽其妙，
但我还是忍不住要述说这美。
不论何时何地都要说：
"请把这图案绣在你的地毯上！"

就像《古兰经》中那个
期望为真主抓袍服上的虱子、
补鞋子的牧羊人一样，
我也期望以同样的激情
道出我的赞颂，
期望我的帐篷依着苍穹而搭！

让意中人前来，
像守护犬一样伏在帐篷门口。

当大海翻腾，
不要只让我听到它的吼啸。
让它溅入我的胸膛！

12 我何幸有此良师：谢赫

关于谢赫

真主的存在不可证，也不是幻想。鲁米经常称之为"朋友"，他既存在于我们的感官之内，又超越了感官。他就像我们脖子上的血管：近在咫尺，而我们却浑然不觉。若想得见，需要借助一面镜子，而谢赫（苏非导师）就是这样一面镜子，一面提示真主存在的镜子。

鲁米也把谢赫喻为厨子，而把稚嫩的苏非弟子喻为鹰嘴豆。鹰嘴豆在花园里发芽生长，接受雨露的滋润。在它成熟、变硬以后，厨子会将它摘下，投入锅中耐心烹煮。慢慢地，鹰嘴豆就会软化，并因厨子所加入的各种作料而变得美味。经过这样一番烹调，一个苏非弟子就能脱胎换骨，成为中坚力量。

鹰嘴豆与厨子的对话

鹰嘴豆从锅中跳起
几乎跃出了锅沿。

它质问厨子："你为何要煮我？"

厨子用勺子把它敲了回去。

"不要试图跳出来。
你以为我是在折磨你，
其实我是想让你变得美味，
可以和着辣椒与米饭，
成为给人以能量的食物。

你在花园里啜饮雨露，
所为就是这个目的。"

首先是恩赐，其次是性的欢愉，
然后在烹煮中孕育出新生命，
这样，朋友就有好东西可吃了。

总有一天，鹰嘴豆会主动对厨子说：
"把我煮久一些，
用漏勺打我。

这事情我自己做不来。

"我像一头做着白日梦的大象，
对主人的指挥心不在焉。
你是我的厨子、我的主人，
是你领我进入存在的道路。
我爱你的烹煮。"

厨子说："我也曾像你，
是泥土里一颗稚嫩的鹰嘴豆。
之后，我经历了两重猛烈的烹煮：
时间的烹煮和身体的烹煮。

"我用修行来控制
日益膨胀的动物性灵魂；
我把自己煮了又煮，
终于，我超越了它，
成了你的导师。"

我何幸有此良师

昨夜，我的导师教我安于贫困，
一无所有，一无所求。

我是站在红宝石矿里的裸汉，
以红色丝绸为服。
我吸尽光华，如今看见海洋，
内心起伏万千。
一群可爱、安静的人
成了我手上的指环。

不久，风雨欲来。
我何幸有此良师。

就像这样

如果有人问你：
当你所有的性欲都得到满足，
会是怎样的光景，请抬起头说：
"就像这样。"

当有人提到夜空多么优美，
请爬上屋顶，
并跳起舞说：
"就像这样？"

如果有人想知道何谓"灵魂"

或"真主的芬芳"，
请凑近他的脸。
"就像这样。"

当有人引用浮云渐渐遮住月亮的
诗歌意象，
请将一个个绳结缓缓解开，褪去长袍。
"就像这样？"

如果有人好奇尔撒如何让死者复活，
不要企图解释这个神迹。
请亲吻我的双唇。
"就像这样。就像这样。"

当有人问及何谓"为爱而死"，
请指指这里。

如果有人问我身高几许，请紧锁眉头，
用手指量度你额头
皱纹的间距。
"就像这样。"

有时灵魂会离开身体，此后又回来。
要是有人不信，
请走回我的房子。
就像这样。

当情人发出呻吟，
他们是在讲述我们的故事。
就像这样。

我是精神寓居的一片天空，
凝视这越来越深的湛蓝，
这时微风倾吐一个秘密，
就像这样。

当有人问，还有何事要做，
请点亮他手中的蜡烛。
就像这样。

优素福的气味是怎样传到叶尔孤白那里的？
他——他——他——他。

叶尔孤白的视力是怎样恢复的？
他——他——他。

一阵微风扫净双眼。
就像这样。

当沙姆斯从大不里士回来，
他将靠在门边，
吓我们一跳。
就像这样。

蜡

当我看见你，看见你的样子，
我会对其他人闭上双眼。
我全身都变成蜡，变成你的
苏莱曼印章。我等待变得轻盈。
我放弃了对于一切问题的意见，
我化身芦笛只为充斥你的呼吸。

你就在我手中。
我却四处伸手要抓住什么。
我就在你手中，我却反复
向那些所知甚少的人提问。

我要么太单纯，要么醉了或疯了，
不然，我不会潜入自己的房中偷钱，
爬过篱笆偷摘自己的蔬菜。
但不会再有这种事了。我已摆脱那无知之拳，
它一直扭曲着我的秘密自我。

宇宙和星光穿透了我的周身。我是挂在
节日楼门上的新月。

形相无处容身

夜晚，当你从你的店铺和房子出发，
穿过街道，
向墓园走去，

你会听到我在打开的坟墓中
向你欢呼，你将意识到
我们总是同在。

在你的存在中，
我是清明的意识核心，在狂喜或
自憎的疲倦中同样如此。

那个夜晚，当你摆脱被蛇咬的恐惧
和对蚂蚁的恼怒，你将会听见
我熟悉的声音，看见蜡烛被点燃，
闻到香烛的气味。你所有其他情人心中的情人
摆设的筵席，会带给你惊喜。

这种心绪骚动
是我在坟墓里为你点燃的信号。

因此，别为裹尸布
和墓园里的尘埃大惊小怪。

它们会在我们最终会面的乐声中
被撕得粉碎，并冲刷殆尽。

不要以人的形相寻找我。
我内在于你的观看之中。在这样强烈的爱中，
形相无处容身。

击鼓并让诗人言说。
对那些成熟和业已知晓爱为何物的人来说，
今天是净化之日。

无须等我们死去！
这里有比金钱、名气和烤肉
更让人渴望的东西。

现在，我们要如何称呼这种在我们镇上
新开的凝视之屋？人们静静地围坐着，
目光倾泻而出，
仿佛一束束光线，仿佛在对谈。

老鼠与骆驼

一只老鼠用两只前脚

抓住骆驼的缰绳，牵着它走，

想过过当驼夫的瘾。

骆驼没有反抗，默默跟着走，

让老鼠觉得自己很了不起。

"玩开心点吧。"骆驼心想，"我马上

就要给你上一课了。"

它们来到一处河边。

老鼠显得不知所措。

"你在等什么呢？过河去啊！

你是我的领路人，不要裹足不前。"

"我怕被淹死。"

骆驼带头步入水中。

"水没有多深，刚刚没膝。"

"刚刚没膝？你的膝盖比我的头要高上一百倍！"

"那你也许就不该当驼夫。

跟与你相仿的人为伍，

老鼠跟骆驼真的毫无共同语言。"

"你可以帮我渡河吗？"

"好，到我的背上来吧。

我就是为了帮助数以百计如你一般的人过河而生。"

你不是先知，却在谦卑地走先知走过的道路，

那你终可到达他们已经到达的地方。

不要试着掌舵。不要自己开店。

用心聆听。保持缄默。

你可不是真主的喉舌。让自己成为一只耳朵。

你的自矜与愤怒来自你的欲望，
而你的欲望则根植于你的习惯。

如果你想让一个习惯于吃陶土的人改变，
他会气得发疯。
当领袖也可能会变成一种有毒的习惯。
如果有人质疑你的权威，你会想：
"他想取代我。"
你虽保持礼貌，却心藏愤怒。

时常用你的心灵之主，
检视你的内在。
铜不会知道自己是铜，
除非它已变成黄金。

你的爱意不会知道它的庄严，
除非它已认识到自己的无助。

跛脚羊

你看见一群往河流下游
走去的羊。

走在最后的
是一只跛脚羊。

人们起初都很为跛脚羊担心，
如今他们已转忧为喜。

因为，瞧，羊群正往回走，
而领路的，
正是那只跛脚羊!

知识有许多类。
跛脚羊代表的
正是追本溯源这一类。

学习跛脚羊的榜样，
当羊群的领头人。

13 体认优雅：你的理性父亲

关于优雅

如今的我们，一睁开眼睛，就能看见四周繁复、铺张的美丽。在《探索》频道，我们能看到马达加斯加狐猴、通往河边的漂亮土路、三亿个星系和青蛙的金色眼圈。当下的错综复杂，是我们所需的全部财富。鲁米感受到这种丰盛，感激之情从他的作品中倾泻而出。

也许被鲁米称为"理性"的那种清明，是一种绝妙的合法性，也就是生态学家和天文学家所研究的系统的连续性。也许神秘主义者和科学家关注的都是层次丰富的智性：宏伟又精准的存在的艺术。

理性父亲

宇宙是神圣律法的一种形式，
是你的理性父亲。

当你忘恩负义，
世界就会显得寒酸和丑陋。

和那父亲、那优雅的规律和平共处，
所有经验都会充满即时性。

因为我爱这个，我从不无聊。
美不断涌出，在我的耳朵里，我的内心，
如泉水淙淙。

树枝上下摇晃，仿佛那些投身于神秘生活的人
欣喜若狂的手臂。
树叶沙沙作响，仿佛诗人们
正在构思着新奇的比喻。绿色的毛毡滑落，
我们瞥见了底下闪光的镜子。

想想当这一切都被抽走时，
会发生什么事！我说出的只是我看见的
千分之一，因为有太多的疑问。

对于这首诗的传统意见是，
它显示出对未来的极大乐观。

但是理性父亲说：
"没有必要宣告未来！"
现在就是未来。现在。你最深的需求和欲望，
会满足于当下你手中握有的能量。

❿

一个手艺人从芦苇塘拔出一根芦苇，
在上面钻出一些孔，并称之为一个人。

自此，它就一直在倾吐分离的痛苦，从来不提
那赋予它生命的手艺。

❿

谦逊而普通的生活并不会贬损自我。它会让人丰盈。
返璞归真会赋予你智慧。

当一个男人为他的小孩讲述故事，
他就同时成为一个父亲和一个小孩，
聆听着。

14 嚎叫的必要：在软弱中大声呼救

关于嚎叫

我的苏非老师巴瓦·穆哈亚狄恩看到我，得知我名叫巴克斯[1]后，他开玩笑或者教导我时便会发出一阵狼嚎一般的声音。他觉得这反映了人有嚎叫的需要。他自己坐在床上时，常常会不由自主地唱起赞歌。鲁米指出，人要大声求助。当心灵的脆弱部分打开，恩典的乳汁就会开始流淌。

1　英文为 Barks，也有"狗吠"之意。

爱之狗

一天夜里，有个人高喊：
"安拉！安拉！"
他的双唇因赞颂而变得甜蜜，
直到有个刻薄的人挖苦说：
"得了吧！我一直听见你
呼唤，却没看见你得到任何回应！"
那人答不上来。
他不再祷告，迷迷糊糊睡去。

他梦见，灵魂向导希德勒[1]

1　希德勒 (Khidr) 的字面意义是 "绿色的人"。他在整个伊斯兰世界知名。他存在于可见世界和不可见世界的交界处。当穆萨发誓要找到 "两海交接处" (意指精神界与世俗界的交接处)，他遇到了希德勒。虽然《古兰经》没有提名字，但希德勒被认为是以下经文提到的人："……我的一个仆人，我 (真主) 已把从我这里发出的恩惠赏赐他，我已把从我这里发出的知识传授他。" (《古兰经》第 18 章 65 节)

　　在这个段落中，穆萨想要追随希德勒，向他学习，但希德勒说："如果你追随我，那么，遇事不要问我什么道理。要耐心等我自己来解释。"穆萨同意了，但当希德勒做出一些看似离谱的举动时 (弄沉一艘船和杀死一个孩子)，穆萨无法压抑自己的震惊，而希德勒在解释了自己行为的隐秘原因后离开。希德勒代表一个超越形相的内在向度。他是形而上智识的揭示功能的化身，是 "先知灵魂" (prophetic soul)。他尤其会向孤独者显现，也就是那些被切断了正常的灵性教导渠道的人。那个为了内在王国而抛弃外在王国的苏非神秘主义者易卜拉欣这样说："我在旷野住了四年。绿色古人希德勒是我的同伴。他教我认识真主的大名。"

　　从语音学来看，希德勒这名字跟以利亚 (Elijah) 和《吉尔伽美什史诗》中的乌特纳皮什提姆 (Utnapishtim) 有关。除了是德鲁伊传说 (Druidic lore) 的部分源头，他也许也是中世纪英语诗歌《高文爵士与绿衣骑士》(*Sir Gawain and the Green Knight*) 中神秘绿衣骑士的部分原型。(英译者注)

从一片浓密的树丛中出现。
"你为何不再赞颂？"
"因为我一直没有得到回应。"
"你所表达的渴望
就是回应你的信息。"

让你大声求助的悲痛
把你带向合一。

你那渴求帮助的
纯粹忧伤，
就是秘密酒杯。

聆听一只狗为寻找主人发出的呜咽。
那哀鸣就是联结。

有很多爱之狗，
没人知道它们的名字。

让你的生命成为
它们之一。

在软弱中大声呼救

一条龙把一只熊拉向它的血盆大口。

一个勇敢的人挺身而出，将熊救下。
世上总有这样的人，他们会奔向
任何大声呼救的人。就像真主
会奔向痛苦尖叫的人。

而且谁也收买不了他们。
如果你问他："你为何
来得这么快？"他或她就会回答："因为我听见了
你的无助。"
正如水会流向低处，
所有药物不过希望
疗愈痛楚。
不要只求一次慈悲。
尽管让它们一拥而入。让天空在你的脚下展开。
从你耳朵里取出棉花，慰藉的棉花，
好让你听见天籁。

拨开遮住眼睛的头发。
擤掉鼻孔里，
还有脑子里的鼻涕。

让清风徐徐吹过。
彻底从那场胆汁热中康复过来。
服下医治无能的解药，
让你的男性雄风可以勃发，
好让一百个新生命因你而生。

扯去灵魂的脚镣，
让它在人群前
的赛道上奔跑。松开紧绑在脖子上的
贪婪之结。接受新的好运。

把你的软弱交付给
愿意帮助你的人。

大声呼救和哭泣是巨大的资源。
一个哺乳的母亲
总是等着婴儿啼哭。

只要发出一声嘤嘤哭泣，
她就会出现。

真主创造了婴儿，也就是你的渴望，
好让他可以大声呼救，喝到乳汁。

喊出来吧！不要因痛楚
而淡漠沉默。哀伤吧！

让爱的乳汁在你心间流淌。

疾风劲雨
是云朵照顾我们的方法。

请耐心些吧。
去回应激荡你心灵的每一声呼唤。

不要理会那些恐惧和忧愁，
那些贬损你的疾病和死亡。

15 故事：粗糙的比喻

关于粗糙的比喻

很多有良好阅读品位的人都觉得鲁米的一些比喻粗糙、生涩，不堪入目。二十世纪二十年代，当雷诺德·尼科尔森[1]（Reynold Nicholson）把《玛斯纳维》移译为英文时，他把其中一些段落用拉丁文译出，好让那些掌握了足够拉丁文的人阅读时，口味不会被败坏。

在鲁米看来，任何人类行为，不管多么可耻、残忍、愚蠢，都可以充当观察灵魂成长的凸透镜。鲁米曾经用女人和驴子的性交来比喻托钵僧的修行。

鲁米指出，一个托钵僧从事修炼的时候，也应该知道分寸，不要不够，也不要太过头。在另一首诗里，鲁米又大胆地把做爱喻为做面包。他在诗的结论中说："谨记：你做爱的方式，就是灵魂与真主相接的方式。"任何人类经验对鲁米来说，都是可以为灵魂提供养分的面包。

1　杰出的英国东方学家，同时也是伊斯兰文学和伊斯兰神秘主义的学者，被广泛认为是英语领域最伟大的鲁米学者和翻译家之一。

粗糙的比喻

某人说："没有托钵僧。如果有托钵僧，
托钵僧也不在那里。"

看那正午明亮阳光下的烛火。
你把棉花放在烛火旁，棉花就会燃烧，
但它燃烧时发出的光，会完全消融于阳光中。

那你无处可寻之烛光，
就是托钵僧之所在。

如果你把一盎司醋洒在
两百吨糖上，
没有人尝得出糖里的醋味。

这是对恋人身上所发生之事的粗糙比喻。
没有谁比恋爱中的人更敢于公然不敬。他或她，
跳到天平上永恒的对面，
声称要与之抗衡。

没有谁比恋爱中的人更深怀恭敬。

语法课上讲："恋人死了。"
"恋人"既是主语又是施事者，但这是不可能的！

应该说"恋人已经不在了"。

只有在语法学意义上，托钵僧—恋人才是施事者。

但在现实中，他或她，
俱已为爱消融，
所有行事者的品性，
都已消失无踪。

鸟翼

你因失去而致的悲伤举起一面镜子，
照向你勇敢耕耘的所在。

你怀着最坏的打算，抬头看了看，不料，
镜中却是你一直渴望的欢颜。

你的手开开合合。
如果总是握成拳头，或一直张开，
就会麻木。

你最深刻的存在就在每一次小小的
收缩与扩张之中，

两者达成美妙的平衡，
如鸟儿的双翼一般协调。

我会在破晓前到来

穆罕默德说：
"我会在破晓前到来，
用铁链把你锁上，拖走。"
令人惊讶，甚至觉得可笑的是，
他竟把你从折磨中
拖到春天的花园里。
这有点不可思议，却是事实。
几乎每个来到这里的人，
都是被捆绑着拖来的，
只有少数例外。

就像第一次上学的小孩，
你得强迫，否则他们就不愿去。
之后，他们自己就会爱上学校。
他们跑着去上学，
学到了知识，
后来又赚到了钱。
他们异常兴奋，彻夜不眠，

像窃贼般警惕而精力旺盛。

记住你因顺服而获得的好处！

这条道路上有两类人。
一类身不由己，他们盲目地信仰，
另一类因爱而顺服。
前者抱着隐秘的动机，
他们希望乳娘接近，因为她会喂奶；
后者却纯粹是爱乳娘的美。

前者以反复背诵经文为务，
后者则消融于任何
吸引他走向真主的事物之中。

但两类人，
都是自源头就被吸引。
任何行动都源自行动者。
任何爱都源自被爱者。

笨拙的类比

物理世界中无两物相同，

任何类比都必然笨拙而粗糙。

你可以把一头狮子摆在一个人身边，
但这样做，难免让两者都陷于危险。

就说身体像灯这个比喻好了。
身体需要食物与睡眠，正如灯需要灯芯与油。
得不到这些，它就会熄灭。
总是在消耗，就是在自取灭亡。

但在这个比喻中，
太阳在哪里呢？
它升起，灯光就会与阳光合而为一。

一，唯一的真实，
是无法用灯和太阳的意象来理解的。
一，不是由多搅和而成的。

没有意象能描绘
我们的父母和祖父母
所遗留下来的东西。

语言无法道出
那存在于我们每个人身上的一。

两种奔跑

某人有一个善妒的太太
和一个极有魅力的女仆。

太太小心翼翼，从不让丈夫与女仆
单独相处。
六年中，男主人与女仆
从未独处一室。
然而，有一天，
在公共澡堂的太太，
发现忘记把家里的银澡盆带来。

她吩咐女仆："请你去帮我把澡盆拿来。"
女仆飞奔而去，因为她知道终于可以
与男主人独处了。
她快乐地奔跑，飞也似的回到了家。
两人欲火焚身，迫不及待，
连门闩都没插上。

他们迅速合为一体。
身体交合，
灵魂也合一了。

这时，女主人正在澡堂里洗头，

她忽然想道：我干了什么好事啦！
竟然把干柴放在烈火上，
竟然把公羊跟母羊放在了一块！

她匆匆把头上的肥皂泡沫洗净就夺门而出，
边跑边整理罩袍。

女仆为爱而奔跑，女主人则为恐惧
和妒意而奔跑。区别不可为不大！

神秘主义者一里一里地飞翔，
心存恐惧的苦行者却一寸一寸地爬行。

对爱者来说的一天，
对后者来说长似五千年！

这是无法用理智理解的事情，
你必须敞开心胸！

对爱者而言，恐惧不值一提。
爱是真主的品性。恐惧则是那些自称惦念真主，
实则惦念欲望的人的属性。

经文里写着，
他们爱他，而他也爱他们。
这些合一的爱都是真主的品性。

恐惧则不是。

什么是真主与人共享的品性？
居住在永恒中与居住在时间中的两类人有什么联系？

如果我继续谈论爱，
我可以说出一百种联系，
但这仍然不代表我已说出奥秘。

心存恐惧的苦行者用脚奔跑，
情人却如风雷闪电般移动。
二者根本无法相比。

当神学家还在
为自由意志与必然性的问题
苦思冥想，
恋人们早已
奔向彼此。

忧心忡忡的女主人赶回家中，
打开了门。只见女仆
衣衫不整，满脸通红，迷迷糊糊，
不发一语。丈夫则一副正在祷告的模样。

女主人进门便见此躁动之景。
丈夫撩起衣服的下摆，

仿佛在用衣服做实验。

从丈夫的下摆缝隙，女主人看得见
他那湿漉漉的玩意儿；
而女仆的大腿上，也沾着
精液和分泌物。

太太一巴掌搧在丈夫脸上，怒问道：
"这就是男人祷告的方法吗？
难道你那玩意儿，这么渴望联结吗？
这是否就是，她腿上
湿漉漉的原因呢？"

真是好问题，
问得她那位"禁欲苦修"的丈夫
哑口无言。

你会发现，那些自称弃绝欲望的人，
转身之间就会变成伪君子！

做面包

有一场宴会。国王

开怀畅饮。

他看见一位饱学之士向他走来。
"把他带过来，
给他倒一些美酒。"

仆人迅速将学者带到国王桌前，
为他倒酒，岂料他竟不领情。
"我宁可喝毒药！我从没喝过酒，
也永远不会想喝！
把它拿走！"

他不断高声拒绝，
搅扰了宴会的气氛。

这种事，也常常发生在
真主的筵席上。

那些听过狂喜之爱
却从未体味过它的人，
难免都会在酒宴上闹场。

如果他的耳朵和喉咙之间
存在秘密通道，那他的
态度将会完全改观。

否则，他只是无光之火，
无豆之荚。

国王下令道："侍者，
做你该做的事！"

侍者把学者的头往下压，说：
"喝！再喝！"
酒杯空了，
学者开始唱歌，
说出荒唐的笑话。

他进入花园，打着响指，
摇摇晃晃。当然，没多久，
他就想撒尿了。

他往外走，在厕所附近
碰到了一位美丽的妇人；那是国王的姬妾。

他的嘴巴张得巨大。他想要她！
他想要她，就在此时此地！
而她也不是不愿意。

他们相拥倒在地上。
你一定见过面包师傅擀面团。
开始，他会温柔地擀，

慢慢地，他愈来愈粗鲁。

面包师傅把面团放在板子上，
面团在他的手掌下轻声呻吟。
然后，他把它摊开，
展平。

接着，他把面粉揉成一团，
再擀成薄薄的一片，
加水，
和匀。

然后加盐，
再加一点盐。

最后，他小心地把面粉塑成面包的形状，
放进烧热的烤炉中烘焙。

你还记得做面包的方法吗？
那也是你与爱人缱绻时的模样。
这不只是个
适用于欢爱的比方。

它也适用于在战场上作战的士兵。
永恒与死亡，
本质与偶然，

经常紧密相拥。

不同的球赛有不同的规则，
不过它们在本质上一样。谨记：

你做爱的方式，
就是真主与你联结的方式。

两人迷醉在狂喜中，
浑忘了酒宴这回事。
他们闭着的双眼，
就如同两条完美吻合的书法线条。

国王前去寻他，
看到那对男女的模样，说道：

"嗯，有言道：'好国王应该
尽其所能款待他的臣民！'"

这种欢愉，是一种酩酊似的自由，
它能瓦解心灵，
振奋精神。也有许多像国王一样
深明事理的人，可以接纳晕眩中的迷失。

不过，现在且让我们
回归坚定而澄明的冥思，

让那种晕眩
像轻举的翅膀一般
翱翔于神圣的天界。

16 三条鱼：为爱豪赌

关于豪赌

对一只从未离开过池塘的青蛙来说，迁居大海近乎一场豪赌。看看它要割舍的东西有多少：安全感、对周遭环境的掌控感和别人的认可。海蛙对池蛙摇摇头说："我没法向你精确地描述我的住所是什么样子，但总有一天我会把你带到我这里来。"

▶

如果你的所求存在于可见的实在世界，
那你不过是一个雇员。

如果你的所求存在于不可见的世界，
那你并没有活在真实之中。

两种愿望都很愚蠢，
但如果你能忘掉自己真正追寻的
是令人迷惑的爱的欢愉，
你将得到宽恕。

▶

拿出一切去为爱豪赌吧，
如果你想做一个真正的人。

不然，就请你
离开这个聚会。

你出发寻索真主，
却不断去路边
廉价的酒馆逗留良久；
三心二意的人

抵达不了真正的恢宏。

▶

在水流湍急的小溪
溯流而下，
你感觉岸上的树木正匆匆掠过。

表面上看，我们周遭的东西在快速变动，
实则是我们的船在飞速离开这个世界。

三条鱼

这是一个关于住在湖里的
三条鱼的故事。这三条鱼
一条聪明，
一条普通，
一条愚笨。

有些渔人带着渔网来到湖边，
三尾鱼也看见了他们。

聪明的鱼决定立刻启程，

不辞艰辛，长途跋涉奔赴大海。

它自忖："我还是不要跟另外两条鱼商量为妙。

它们只会削弱我的决心，因为它们太爱这个湖了，

竟称这里为家。无知让

它们止步不前。"

旅行的时候，找个旅人出主意，

不要找因为跛脚而在原地踏步的人。

穆罕默德说过："爱我们的家乡，

是我们信仰的一部分。"

千万不要按字面去理解这句话！

你真正的"家乡"，是你要前往的目的地，

不是你现在的住所。

爱自己的家乡不是错事，但你得先问：

"哪里才是我真正的家乡？"

聪明的鱼一见到带着渔网的渔人就说：

"该启程了。"

穆罕默德曾告诉阿里[1]一个秘密，但吩咐他不可外传。

阿里憋不住，

对着一口井轻轻把秘密说了出来。

有时候，我们无人可以倾诉，

---

1 穆罕默德的堂弟，亦是伊斯兰教的第四任哈里发（656—661）。（中译者注）

只能一个人独自出发。

聪明的鱼像一头被狗追逐的鹿，
费了九牛二虎之力，历尽艰辛，
终于游抵安全的无垠大海。

普通的鱼思索：
"我的向导已经走了。
我本应跟它一道离开，
却没有那样做，
现在我已错失良机。
真是悔不当初。"
不要为已发生的事情懊悔。既然已过去，
就让它过去好了。甚至不要去回忆！

某个人套住了一只鸟。
鸟对他说："先生，你一生吃过那么多牛羊，
仍然不饱，那我身上的区区之肉，
对你又有什么裨益呢？
如果你放我走，我会报答你三条智慧之言。
第一条待我站到你的手掌上说出，
第二条待我站到屋顶上说出，
第三条待我站到大树的枝丫上说出。"

那个人很好奇。他放了那只鸟，
让它站在他的手掌上。

"第一：不要相信谬论，
不管出自谁口。"
小鸟飞上屋顶。"第二，
不要为过去懊悔。都过去了。
不要为过去懊悔。"

"顺道跟你说说，"小鸟说，"我体内有颗
大珍珠，重若十枚铜钱。
你和你的孩子们本来可以得到，
但如今已失去机会。你们本来可以拥有世上
最大的珍珠，但显然命不归你。"

那人闻言，像个分娩的妇人般号啕大哭。
小鸟说："我刚才不是说过不要为过去懊悔吗？
不是说过不要相信谬论吗？
我整个身体都不足十枚铜钱重，
体内又怎会有十枚铜钱重的珍珠呢？"

那人这才恢复了理智："那好吧，
请告诉我第三条智慧之言。"

"好，你已经很好地运用前两条了！"
不要给醉酒或昏睡的人忠告。
不要在沙地上播种。
有些破洞，是缝补不了的。

今天是自觉的一天。

今天是爱人，是面包，是温柔，

比语言所能表达的更加明了。

在春天的时候，来果园一游吧。

在石榴花丛中，那里有光，有酒，有石榴花。

减少身体的需要，关注灵魂的决定。
减少对肉体的供养，
心灵之眼就会慢慢张开。

勿让惶恐把你的喉头收紧。

夜以继日，努力呼吸，在死神把你的嘴合上以前。

说回第二条鱼，
那条普通的鱼。
它为失去向导悲伤了一会儿，
然后它想："我要怎样才能免遭渔夫的毒手呢？
我何不装死！
我要让自己翻白肚，像野草一样漂浮于水面。
正如穆罕默德所说的：'我要在死前先死。'"
于是他就装起死来。

它无助地上下跳动，
渔人伸手就抓住了它。

"看看，这里有条又肥又大的鱼。
可惜是条死鱼！"
一个渔夫掂着它的尾巴
把它提出水面，拍打了一下，
然后扔在岸上。

它在陆地上慢慢翻滚，悄悄
滑回水中。
与此同时，
第三条鱼，也就是那条笨鱼，
正拼命奔窜，想逃过渔夫的追捕。
当然，渔夫还是围住了它。
当它躺在可怕的煎锅上时，心想：
"要是能活着离开这里，

我决不会再回到那狭小的湖泊中。
下一次，去大海！
我要以无限为家。"

❯

每当我回忆起你的爱
就会掉泪，而每当我听人
谈到你，
胸口就会蠢蠢然，
像是睡梦中的蠢动——
虽然此刻几无波澜。

❯

我们一生都在互望着对方的脸庞，
今天也是如此。

我们是怎样守住爱的秘密的？
我们以眉传话，
以眼聆听。

水的礼物

有个没听说过底格里斯河的人
给住在河边的哈里发
送上一罐清水。哈里发收下了，向他道谢
并回赠他一罐金币。

"由于此人是穿越沙漠而来，
他应该走水路回去。"那人被带出另一扇门，
登上一艘等待启航的船，
看见了宽阔清澈的底格里斯河。
他叩首说："国王何其仁慈，
竟接受了我的礼物。"

宇宙中的每样事物和存在
都是一个满溢智慧和美的罐子，
是底格里斯河里一滴
无法用任何皮袋装的水。每一罐
水都会洒出，
让大地更加闪亮，仿佛覆盖着锦缎。
只要那人曾经见过
这大河的一条支流，他就不会天真地
献上礼物。

住在底格里斯河旁的人

喜不自胜，会向水罐投掷石头，
而水罐会变得完美！
它们粉碎了。
一个个碎片跳着舞步，而水……
你看见了吗？
既没有水罐，也没有水和石头，
什么都没有。
你敲了真实之门，
振动思想之翼，松开
肩膀，
并张开。

17 故事：在巴格达梦见开罗

关于巴格达

以下是更多摘自鲁米《玛斯纳维》一书的诗篇。这部诗集写成于一二六〇年至一二七三年间，鲁米把它题献给他的抄写员胡萨姆·切列比。鲁米喜欢跟胡萨姆在科尼亚城内到处溜达，或到附近的梅拉姆葡萄园散步聊天，引发诗兴。鲁米对入诗材料的取舍不拘一格，从《古兰经》里的段落、民间故事、笑话到各种奇想，兼收并蓄，其取材之驳杂，放眼世界文学史亦属罕见。读《玛斯纳维》有如置身一间镜子之屋，我们在其中看到的一切人、事、物，莫不是我们自身的镜像。

在巴格达梦见开罗，在开罗梦见巴格达

不要再制造低沉的鼓声了！
把鼓面露出来吧！

把你的旗子立在开阔的田野上吧！
不要再鬼鬼祟祟地东张西望了。

你要么看到意中人，
要么人头落地！

如果你的喉咙还没准备好喝酒，把它割掉！
如果你的眼睛还没准备好目睹合一的丰盛，
让它得病瞎掉！

要么在旅途中，
要么在我归家时，
我这深深的渴望总会被人看破！

也许我要获得满足，
就得离开，因此当我
离开后又归来，我将找到归宿。

我会用全部的激情和精力
寻找"朋友"，

直至我明白自己多此一举。

在一个人历经曲折之前，
存在的真理之门不会开启。

正如数学上的"负负得正"，
人只有在经历两次错误后，
才会找到正确答案。
也许一个寻道者会说：

"如果我早知真正的道是这样，
就不用四处寻找了。"

但如果没有东找西找，
他又如何能知道！

你恐惧失去某个高位，
以为它可以给你带来好处，
但好处最后往往来自别的地方。
存在常常玩弄这种诡谲的把戏，
它让你在某一处抱有希望，
却让你在另一处得到满足。
它让你困惑而惊讶，
让你对未知不再那么抗拒。

你计划以裁缝师为业，

最后却可能当上你从未想过的铁匠。

我不知道，我所渴望的合一
是得自努力，还是得自放弃努力，
或者与我的行动毫无关联。

我像一只被斩首的小鸡，
因担心灵魂终会自身体逃逸
而慌张地扑腾。

渴望总会找到自己的出口。

从前有一个人，
继承了一大笔金钱和一块土地。
但他迅即把财富挥霍殆尽。
那些靠遗产致富的人，
不会知道金钱的价值。

同理，我们不知道灵魂的价值，
因为那是我们白白得来的。

那人落得孑然一身，一无所有，
像沙漠里的猫头鹰。

先知说过，
真正的寻道者必须像琵琶

全然虚己，
否则它无法奏出甜美的妙音。

当一把琵琶的音箱因塞满东西而喑哑，
弹奏者就会把它抛弃，
用另一把代替。

再没有比奏出那妙音
更美妙宜人的了。

那人如今两手空空，
泪水夺眶而出。
他原来的固执不见了。
这种情形也见诸许多寻道者。

他们的祷告辞哀情切，芳香的烟气
飘入空中，连众天使都忍不住为他们说情：
"回应他们的祷告吧。除你以外，
他们已别无依靠。为何你会先回应那些
不如他们哀切的祷告者呢？"

真主回答：
"我延缓施助，正是在帮助他们。
他们现在需要，才不得不找到我。
如果我就此满足他们，
他们就会重新沉迷于旧日的荒唐。

听听他们的哀告声多么凄婉动人！
那才是他们该有的样子。"

夜莺会被关在笼中，
是因为它有一副美妙的歌喉。
谁听说过有人会关乌鸦？

有两个人，
一个年老体衰，一个年轻英俊，
他们来到一家面包店。
店主很喜欢那英俊的青年。
当老人和青年开口买面包，
店主二话不说就把面包给了老人。

他对年轻的那一位说：
"马上就有新鲜出炉的面包了，
坐下来等一会儿吧。"

等热面包端出来，店主又说：
"不要走，新鲜的哈瓦糖快做好了。"

店主千方百计要留住年轻人：
"对了，我有件重要的事要告诉你。
你等一下，我马上回来。"

这也是，真正的寻道者之所以会

屡屡失望的原因。
他们一再与企盼的东西失之交臂，
却一再得到他们
避之唯恐不及的东西。

那个继承巨额遗产而又挥霍一空的人
日夜哀哭："主啊，主啊！"

最后，在梦中，
一个声音对他说：
"你的财富在开罗。
到某某地点挖掘，
你将得到你企盼的东西。"

于是，他踏上了赴往开罗的漫漫长路。
当他终于看见开罗的尖塔时，
胸膛重新涌起一股勇气。

但开罗是座大城市，
要找到梦中开示的藏宝地点，
他不得不四处游荡。

他一文不名，只能靠乞讨为生，
但又羞于如此。
他想出一个变通的办法：
"我何不在夜间，装成化缘的托钵僧，

向路人乞讨？"

羞惭、尊严与饥饿，
左右撕扯着他！

一天晚上，他正在行乞，
一个巡警突然上前要逮捕他。
原来开罗最近夜盗猖獗，
哈里发指示巡警，夜里游荡的人皆为可疑盗贼。

最好不要让犯事者逍遥法外，
他们会荼毒整个社会。切掉
被蛇咬过的手指！
绝不能同情窃贼。相反，
要多想想民众所受的苦。那时候，
窃贼个个精明，而且为数众多！

巡警抓住那人。
"等等！我可以解释！"
"说吧。"
"我不是小偷。
我本住在巴格达，来到开罗才没多久。"

接下来，他把梦境和宝藏告诉了巡警。
他的讲述十分可信，
巡警听毕大喊起来。

这也是，
人们听到真理时常有的反应。

激情具有疗伤止痛的力量，
可以让枯枝重生。
激情的力量胜于一切！

有一种虚假的满足感，
它冷冰冰的，又颇耐人寻味，
但它会诱劝人远离激情，放弃追寻。
它们说："我要稀释你的激情，接受我吧，
接受我吧！"
逃开那会稀释你激情的虚假救赎。
让你的激情始终丰沛充盈。

巡警对那人说："我现在知道你不是小偷了。
你是个好人，但也是个笨蛋。
我做过跟你一样的梦。
在梦中，有个声音告诉我，
在巴格达某某街上有一栋房子，
底下埋着宝藏。"

巡警说的街名
竟和那人在巴格达住的
是同一条！

"梦中的声音又告诉我：
'那栋房子的外观如何如何，
到巴格达去，把它找出来！'"

巡警不知道，他描述的那栋房子，
和那人在巴格达所住的房子
一模一样！

"但我可没按照梦中所说的去做，
看看你，长途跋涉，沿街乞讨，
弄得自己精疲力竭！"

那寻觅者默默无语，
内心却在惊呼：
"原来我寻觅的财宝就在巴格达我自己家中！"
他感觉自己满心喜悦，不断在心里颂赞主。
最后，他说道：
"生命之水原来就在这里。
我却走了这么多路才知晓！"

捕蛇人和冻结的蛇

听听这个，体悟一下其中的奥秘：

一个捕蛇人去山中捉一条蛇。

他想要一只友善的宠物，
一只能惊艳众人的，
但他寻找的却是
一只不知友善为何物的爬行动物。

时值冬天。
在深雪中，看见一条大得吓人的死蛇。
他起初不敢摸，最后还是摸了。
事实上，他把蛇拖回巴格达，
打算供人付费参观。

我们就是这样
变蠢的！一个人是一座山脉！
蛇对我们着迷！但我们为了看一条死蛇
出卖了自己。

我们就像用来给粗麻布当补丁的
漂亮锦缎。"来看看我杀死的蛇，
听听我的冒险经历！"他这样宣布，
引来一大群人。
但那条蛇其实没有死，
只是在冬眠！捕蛇人在十字路口摆摊。
围观的人越来越多，每个人都
踮着脚尖。有男有女，有贵族有农民。所有人挤在一起，没有意识到彼此的差别。
那情形，就像死后审判日！

那人解开粗绳，
将好好包着蛇的布袋打开。

有了一些小动静。
炎热的伊拉克太阳已唤醒
那可怕的生命。站得最近的人开始尖叫。
一片恐慌！蛇轻易就摆脱了束缚，饥肠辘辘，
一下子就杀死很多人。

捕蛇人站在原地，
呆若木鸡。"我从山中带了什么出来？"
蛇盘在一根柱子上，扑向捕蛇人，
把他吃掉。

那蛇是你的动物性灵魂。当你把它带入
欲望的炎热空气中，
用权力和财富的温床诱惑它，
后果自然惨重。

把它留在雪山上吧。
别指望用安静、
亲切和愿望对抗它。

纳夫斯不会对这些有反应，
它们也无法被杀死。需要一个穆萨
才能对付这样的猛兽，把它带回山中，
让它重新躺在雪里。不过当时并没有穆萨。
几万人死去了。

18 绿穗处处：跑来跑去的小孩

关于跑来跑去的小孩

据说，有三位中国道长，常常跑到熙熙攘攘的市场，站着不动，放声大笑。后来其中一位道长去世。在死者的葬礼上，大家都好奇，另外两位道长会有何反应。有人告知两位道长，无须处理尸体，甚至都不用给死者的尸体换衣服。于是道长往口袋里装满了鞭炮。这就是故事的寓意所在。鲁米的诗歌也像葬礼上的鞭炮：它们不会在公众面前卖弄，而会指引我们远离哀戚。

▶

过去，我是个腼腆的人，
你却让我敢于引吭高歌。

过去，我拒绝碰桌上的食物，
如今，我吆喝着再拿些酒来。

过去，我习惯于坐在草席上，
脸色凝重，独自祷告。

如今，小孩在我身边跑来跑去，
朝我扮着鬼脸。

绿穗

从前有一场持久的旱灾。谷物都枯死了。
葡萄树叶由绿转黑。

人们像搁浅在岸的鱼儿
奄奄一息。
有个人却不为这眼前的凄惨景象所动，

自始至终哈哈大笑。

人们责问他：
"你怎么没半点恻隐之心？"

他答道："在你们眼中，这是旱灾，
在我眼中，这却是真主的一种乐趣所在。

"在这荒漠中，我看见
绿色谷物高及人腰；
比韭菜还要绿的黍穗
如一片汪洋，波动起伏。

"我上前去触摸它们。
我又怎能不这么做呢？

"你们与你们的朋友
是溺在由你们身体血液所构成之红海中的
法老王。
与穆萨为友吧，把这视为另一条河。"

当你们认为父亲待你们不公，
就觉得他的脸庞狰狞。
在嫉妒的兄弟眼中，
优素福何尝不是个危险的人？
当你们与父亲和好，

他看起来就祥和而友善。而整个世界
就是真理的一种形相。

当某人不懂得对此心存感激，
形相就会如他感觉般呈现。
它们会成为一面镜子，
映照出他的愤怒、贪婪或恐惧。
与宇宙和解。享受它的欢愉。

这样，它就会变成黄金之地。复活日就在
当下。每一刻都是
新的美。

不要抱怨单调无聊。
这丰盛会把众多清泉的妙音
注入你们耳中。

树枝一旦知道了生活的奥秘所在，
就会像人一样婆娑起舞。

有些奥秘我并不打算告诉你们。
到处都有质疑，众说纷纭：
"你的宣示未来有可能成真，
但现在还没有。"
我所看到的那个普遍真理的形相却说：
这不是个预言。它是发生在

此时此地的事情，就在你的手中！

这让我想起了欧宰尔[1]的儿子们。
他们走到大路上，等待远行归来的父亲。
他们的父亲奇迹般地变年轻了，他们却老了。
所以，他们见到欧宰尔，竟然问道：
"对不起，先生，您可有见过欧宰尔？
我们听说他今天会打这条路经过。"

"有。"欧宰尔答道，"他就走在我后面。"
其中一个儿子闻言说："真是个好消息！"

但另一个儿子却认出了父亲，
他立刻俯伏在地，并呵斥他的兄弟说：

"还说什么'消息'！我们就在
他所显现的甜美之中。"

对你们的心灵来说，有所谓消息这回事，
对内在觉知来说，一切都在发生的过程中。

对怀疑者来说，这是个痛苦。
对信仰者来说，这是个福音。

---

1 《古兰经》中提及的人物之一。阿拉伯语音译。一说他系先知，但《古兰经》中仅提过他一次。

对恋人和梦想家来说，
这就是当下的生活。

信仰的规则
犹如门与守门人。
它们合力守护显现者
免受干扰。

没有信仰就像包在果实外面的果皮，既苦且干，
因为它远离核心。
有信仰就像里头的果肉，甜而多汁。
但真正的核心是超越"苦"与"甜"的，
它是美味的真正源头。

这是无法言诠的，我溺在其中了！

让我像穆萨一样
在水中辟出一条路来。
我想述说的，只有这些，
其余的，就让它秘而不宣：

你的智慧寓于碎片中，像散落各处的黄金碎屑。
你必须把它们凑在一起，如此才能将
高贵的标记
印入你的内在。

凝聚，你将会像拥有中心市场的撒马尔罕，
或者大马士革一样可爱。
一点一滴地把各个部分收集起来，然后
你将会比一枚硬币更亮丽，
你将会变成一个有国王雕饰的酒杯。

"朋友"会成为你的面包和泉水，
你的明灯、帮手、你最喜欢的甜点
和一杯美酒。

与他结合事属恩赐。
把所有碎片都收集起来吧，
我将为你显示那是怎样的光景。

那是言说的目的：
助我们成为"一"。
"多"有六十种不同的情绪。
"一"则只有平和与静默。

我知道我应该保持缄默，
但亢奋却像打喷嚏或打哈欠一般，
让我无法把嘴合拢。

穆罕默德说："我一天恳求真主宽恕七十次。"
我也一样。原谅我。原谅我说得太多。
但真主让奥秘显现的方式，

却让我内心的词语加速流淌。

一个睡者正在沉睡，
他床单的一角坠入河水。
睡者梦见远处有水源，他大喊：
"水！前面有水！前面！"
正是这个"前面！"让他不愿醒来。
未来、远方，
这些都只是幻象。
品尝真主的此时、此地。

啜饮此刻才是真正的智慧，
无须瞻前顾后、活泼聪明。
东拉西扯的论证已死，把它放入墓中。

冥思的乐趣则不然。
学究式的渊博只会令人晕头转向，
不过是令人疲惫的虚名。
倒不如用心倾听。

成为导师只是欲望的一种形式，
一道闪电。
你能骑着闪电
前往华克什或远赴阿姆河吗？

闪电不是指引。

闪电只是为了让云哭泣。
微微啜泣吧。有了心灵的闪电，
我们自会哭泣，
憧憬真实的生命。

孩子的智力告诉他："我该上学。"
但这智力本身不能教导他。

病人的头脑告诉他："我该去看大夫。"
但这并不能治愈他。

有些魔鬼蹑手蹑脚地走近天堂，
想偷听秘密，但他们听到的却是：
"离开这里，到凡间去，谛听先知之言。"
要进屋内，就穿门而过吧，
那不过咫尺之路。你是中空的芦苇，
却可以再次变为甘蔗，
只要你听从指引。

那指引会取下你的驯鹰头罩。
爱是驯鹰者，你的王。

让它来训练你。永远不要说或想：
"我总比……某些人强。"

那是晒依塔乃的思考方式。

安睡在精神之树的宁静树荫下，
永远不要把头伸出绿荫之外。

◗

鸟儿的歌声纾解了
我的思念。

我像它们一般狂喜，
却苦于不懂得倾吐。

宇宙的灵魂，
请让歌声或其他什么东西，
自我体内流泻。

◗

爱之道不在于
精巧的论证。

那里的门
被荒废了。

鸟儿们在天际
自由自在地盘旋。
它们是怎样学会飞翔的？

它们掉下来，又掉下来，
终于获得了翅膀。

◗

你分了我的心，
你的离去扇起了我的爱。
别问怎么会这样。

然后你走了过来。
"不要……"我说。
"不要……"你答。

别问为什么，
这令我欢快。

◗

我抓住一块木头，它变成了琵琶。
我做了些卑劣的事，它却给人带来了帮助。
我说人不能在圣月旅行，
结果我出发后，美妙的事情发生了。

19 交织：共同的修炼

关于交织

波斯人有一种被称为"马赛拉"（moshaereh）的古老游戏。"马赛拉"一词的原意为"与诗为伴"。一个人背诵一句鲁米的诗句，接下来的那个人所背诵诗句的首字，与前一个人所背诵诗句的尾字相同。据说，在电视泯灭这种文化以前，一家人或一群朋友往往一玩就是几小时。鲁米不是唯一被引用的诗人。人们可能还会引用哈菲兹、阿塔尔或其他诗人。这些诗句就像缕缕丝线，将社区连缀在一起，并让其保持活力。我们没有可以与之比拟的活动，除了有时候晚上聚会时会交流诗句。

鲁米说过："无论是在清真寺、犹太会堂还是基督教堂，我见到的都是同一个祭坛。"在另一个地方，他又指出，一个人如果过分鼓吹自己的宗教或国家的重要性，他的恻隐之心就会有枯竭之虞。在宗教战争和宗派冲突白热化的十三世纪，鲁米这番金玉良言显得格外难能可贵。当鲁米在一二七三年十二月过世的时候，各大宗教团体都派代表出席了他的葬礼。

交织

这条路上充满真诚的献祭。
一切都可以成为阻碍你前行的树丛,
一丁点恐惧都能让你像玻璃瓶般摔成碎片。
走这条路需要勇气和耐力,
可是,路上却布满足迹!
这些伙伴是谁?
他们是梯子的梯级。借助他们!
有了伙伴,你就能加快步伐。

你可能乐于踽踽独行,
但与人同行让你走得更远、更快。

有个独行的人,
欢快地走到海关去缴旅行税,
如果有朋友同行,
他会备感轻松。

每个先知都在寻找同伴。
一堵孤零零的墙毫无用处,
但把三四堵墙放一起,
就能撑起一个屋顶,
谷物便能保持干燥安全。

当笔和墨聚集，
白纸就能说出话来。
灯芯草和茅草不互相交织
就不能成为有用的草席；
风一来，它们就会四散飘走。
同理，真主让万物配对，
赋予他们友谊。

这就是捕鸟者和鸟儿争论
隐士生活与群体生活孰优孰劣时
所发表的言论。

那是一场冗长的辩论。
长话短说，胡萨姆。
让《玛斯纳维》不要那么累赘。
轻快的语音对心灵之耳更有魅力。

水车

和我待在一起，朋友。
不要走开或睡着。

我们的友谊，

需要保持清醒。

水车接受水，
旋转，然后使它
泪洒而出。

它就那样待在花园里，
但另一个圆轮
却在干涸的河床里转动，
追寻它自以为的所欲。

留在这里，随着水车的
每一次转动而颤动，
像滴水银。

谷仓的地板

一个苏非在各地流浪。
一夜，他来到一个苏非教团做客。
他把驴子绑在马厩，
然后接受主人的款待。
主客一起沉思冥想，进行神秘的修炼。
对一群苏非来说，一个访客所能带来的教益

要比一本书多得多。

苏非的书本不是由墨水与字母所构成。

学者热爱的是文字，苏非热爱的是足迹！

他们追随足迹，搜捕猎物。

起初，他们只能追踪足迹，

久而久之，他们学会追踪气味。

靠气味要比靠足迹

精准百倍。

向圣者敞开心扉的人，

对苏非来说犹如一扇门。

别人眼中无用的石头，

对苏非来说可能是一颗珍珠。

你可以在镜中看到自己的样子，

但一个谢赫可以在破砖瓦中看到更多的东西。

苏非导师是一些精神先于世界而生的人。

在进入现在的肉体以前，他们就已活过好几辈子。

在种子播下以前，他们已经丰收。

在有大海以前，他们已经采得珍珠。

当大家讨论让人类诞生的时候，

他们就站在了智慧之水中。

当一些天使反对真主创世的时候，

这些谢赫就在鼓掌喝彩。

在有物质性之前，他们已经知晓

被物质所困会是什么感觉。

在有夜空以前，他们已经见过土星。

在大麦结籽以前，他们已经尝过面包的滋味。
在有心灵以前，他们就已懂得思考。

当下的直觉是最简单的意识活动，
对别人来说，就是顿悟。
我们总是把心思放在过去或未来，
谢赫却不受过去或未来的羁绊。
在开挖矿坑以前，
他们就已经知道里面藏有金属；
在到达葡萄园以前，
他们就已经知道有什么兴奋之事等在前头。
七月的时候，他们就已经感受到了十二月。
在太阳升起以前，他们就已经找到阴影。
在自我消解之时，当万物都已消融，
他们却能辨认出万物。
天空啜饮他们旋转酒杯里的美酒；
太阳穿上他们慷慨的黄金。

当两个这样的人相遇，他们就不再是两个人。
他们是一，也是亿。
海浪和他们最为相像，
当风吹过，海浪是一，也是多。
太阳亦如此，它发出一道道光线，
穿透窗户，进入身体。
太阳之盘确实存在，但你如果只看见光线，
就会有疑问。

人神结合，是为一。
发出光线，是为多。

朋友，我们是同行的旅人。
抛却你的疲乏。我来向你展示
一丁点无法言诠的美。
我像一只走入谷仓的蚂蚁，
正带着可笑的快乐，
试着拖动一颗比我大得多的谷粒。

关于一头驴的歌

以下是有关你在精神生活上
效仿他人的危险。

独自去和"朋友"相见。
设法摆脱自私，
成为超越那些界限的声音。

一个云游的苏非骑着驴子
来到一个非常贫穷的苏非社区。
他喂了驴子，给它水喝，
之后把它交给仆人照顾，走了进去。

当地的苏非马上卖掉驴子，
买来食物和蜡烛，
准备盛宴。
修道院里喜气洋洋！
耐心和三日斋戒不再！

如果你富有、酒足饭饱，别取笑
穷人的任性冲动。
他们的行为并非源自灵魂，
而是出于某些需要。

那位游人参加了饮宴。
大家不断地关注着他，
又是拥抱，又是赞美。
旋转舞开始了。
厨房里烟雾缭绕，
地板因为一双双脚的踩踏而扬起灰尘，
舞者们在渴望中出神狂喜。

他们挥舞着手。
他们低垂着额头走过讲台。
大家已经等待许久。

苏非们总会为其欲望
等待许久。这就是他们为何
会胃口大开。

不过，以光为食的苏非
却不同。但这样的人，
千里挑一。其他人生活在
他的保护之下。
旋转舞跳了一整轮之后
结束了。诗人开始吟唱一首悲切的歌：
"驴子没有了，我的孩子。你的驴子没有了。"

所有人都加入了吟唱，一面拍手一面唱，
一遍又一遍："驴子没有了，我的孩子。
你的驴子没有了。"
来访的苏非
比其他人唱得都投入。最后，
天亮了，大家纷纷和他道别。
宴会厅空空荡荡的。那人提起
行李，呼喊仆人：
"我的驴子呢？"
"问你自己吧！"
"你这话是什么意思？"
"他们卖了驴子！不然哪有钱
办这个宴会！"
"你为何不告诉我？"
"我好几次想走近你，但你总在
大声歌唱：'驴子没有了，
驴子没有了。'所以我以为你已知道。
我以为你早已洞察。"

"没错。

那是因为我在效仿他们的喜乐。"

朋友们的快乐，起初只是
你的投射。和他们待在一起，
直至这快乐成为现实。
那人的效仿
源自他想得到尊敬的欲望。
这让他对大家不断说出的话语
充耳不闻。

记住，我们做任何事
只有一个理由：与"朋友"相见
是唯一真正的报酬。

摸象

一些印度人带来一头大象。
这里没有人见过大象。
一个晚上，他们把它带进一个黑暗的房间。

我们一个接一个
走入黑暗，

靠手去感知大象的模样。
出来以后，我们分别说出感受。

一个摸到的是象鼻。
"是一种像水管的生物。"

另一个摸到的是象耳。"一种强有力、
总是前后摆动、像扇子的动物。"

摸到腿的那个说："直挺挺的，
我觉得它像庙宇的柱子。"

摸到象背的人表示：
"像一张裹着皮革的王座。"

最聪明的那个人，摸到的是象牙。
"像一把陶瓷做的圆剑。"
他为自己的描述扬扬得意。

我们各摸到了象的一部分，
却都把它当成全部。

我们的感官对实相的认知
犹如手掌和指尖在黑暗中对象的摸索。

如果我们人手一根蜡烛，

齐步走入黑暗的房间，

自能看出

象的全貌。

20 思慕之歌：私密的修持

关于私密的修持

在鲁米的诗歌中，蛋象征的是一个可以让每个个体的灵魂之果变得复杂而独特的隐秘空间。私密的修持可以孵化出可爱的差异性。同是一颗蛋，它孵化出来的有可能是只麻雀，也有可能是条蛇。灵魂在闭关静修或四十天斋戒期间所发生的变化，和胚胎在母体待九个月的变化一样可观。冥想或任何其他孤独的修行方式（如黎明时散步、每天早上写一首诗或坐在屋顶观看日出等）都可以丰富人的灵魂。

有以下这样一则故事。一个囚犯收到朋友送的礼拜毯，虽然这不是他最中意的礼物（他最巴望得到的是一把能打开狱门的锉刀或钥匙），但他每天进行五次（黎明前、正午、下午、日落之后，以及睡前）礼拜时还是会用它。他每天跪在毯子上弯腰、坐起，然后又弯腰。久而久之，他注意到在毯子上方有一个很奇怪的图案，刚好就在他叩头时前额碰触的地方。他对着图案苦思冥想良久，蓦然发现，那原来是他囚室门锁的结构图！他终于可以越狱了！任何你每天持之以恒在做的事情，都可以为你打开一扇通向精神最深处、通向自由的门。

思慕之歌

你是歌，
一首思慕之歌。

穿过耳朵，进入中心吧
那里是天空，是风，
是静默之知。

撒下种子，盖上泥土。
在你耕耘的地方，
叶片自会抽芽滋长。

一篮新鲜面包

先知穆罕默德说：
"在这路途上，
你的所作所为，是你最好的陪伴。
你的行为是你最好的朋友，
如果你残忍、自私，你的行为将是
住在你墓中的毒蛇。"

但告诉我，
没有导师的指引，
你懂得怎样好好做事吗？
要知道，即使最低层次的日常生活，
也需要一些指导。

先有知识，
才能做好工作。
很久以后，
也许是在你死后，
你的所作所为就会开花结果。

不管学习什么技艺，
都去寻求帮助及指引。
寻找慷慨的导师，
一个浸淫于传统的人。

在贝壳中寻找珍珠。
跟匠人学习工艺。

当你碰上一位真正的精神导师，
要知礼而谦逊。
向他请教，热切地期待答案。
千万不要一副纡尊降贵的模样。

一个皮革师傅，

即使穿一件破旧的工作服，
仍不会削弱其专业程度。

一个优秀的铁匠，
即使穿着打补丁的围裙，
仍无损于他铸铁的手艺。

把你的傲慢撕碎，
穿上谦卑的外套。
如果你想学习理论，
就跟一个理论家讨论。
理论也要经由口头讲述。

如果你学的是手艺，就要不断练习。
好的手艺来自双手。

如果你想成为托钵僧，习得精神上的虚静，
你就必须与谢赫为友。

谈论、阅读并修持。
灵魂会从有智慧的灵魂那里获益。

精神虚静的奥义
容或早已存在于朝圣者心中，
但他可能不自知。

等待光照的开启，

仿若你的胸膛充满光芒。

正如真主所说：

"难道我没有为你而开拓你的胸襟吗？"[1]

不要向外找寻它。

你是乳汁之源，不要到别处去找！

乳汁之源就在你心中，

不要拿着空桶左顾右盼。

有一条通往海洋的隧道，

你却向一个小池塘求水。

祈求爱的宽广。

把心思全放在那上面。

《古兰经》上说：

"他与你同在。"[2]

你手上有一篮新鲜面包，

可你偏偏挨家挨户去要面包屑。

敲你自己那扇内在的门。不要敲别的门。

河水深及膝盖，

---

1 出自《古兰经》第 94 章 1 节。

2 出自《古兰经》第 57 章 4 节。

你却老想喝一口别人水袋里的水。

四周都是水，
你偏偏只看见那道把你与水隔开的围栏。
马明明就在骑者的胯下，可他却问：
"我的马呢？"
"就在这里！就在你屁股下！"
"没错，我胯下是有匹马，但我的马呢？"
"你是瞎子不成！"

他渴得发慌，以至于没有看见
不远处流过的溪水。
他像一颗置身海底的珍珠，
在蚌壳内满腹狐疑地问：
"大海在哪里？"

他心灵的疑问变成了障碍。
他肉眼的视力束缚了他的认知。
他的自我意识堵住了他的耳朵。

守在真主身旁，保持困惑，
心无旁骛。
四散各处的人，请简化自己焦虑的生活。
只有一条止道：
浇灌果树，不要浇灌荆棘。
对那能滋养精神与真主通透的理智之光的物事慷慨，

不要抬举会引起痢疾与肿瘤的物事。

不要等量地喂养你自己的两个侧面。
精神和肉体各有不同的负重，
需要的关注也各不相同。
我们过于频繁地把鞍座放到尔撒身上，
一任驴子无负无担在草地上奔跑。
不要让身体去从事精神最能胜任的工作，
不要让精神去承受身体能轻松背负的担子。

独自祷告

当别人给我们带来油腻的甜点，我们很少会拒绝。
当我们与别人一起祷告，我们会特别虔诚，
一坐几小时也不以为意。
但若是独自祷告，
我们可能待不上几分钟，
就会匆匆站起，
顺从各种心念的驱使。

不过这些心念都可以转变。
地下的矿物质在被树木吸收后，
会变为树的一部分，

正如植物在被动物吞食后，
会变为动物的一部分，
同样，人也可以卸下身体这件大行李，
变得轻盈。

包裹自己的人

真主把先知穆罕默德称作孟赞密鲁[1]，
意为"包裹自己的人"，并说：
"拿掉你的遮布吧，你怎么
这么喜欢躲藏和逃开呢？

不要遮盖你的脸。
世界是一具醉醺醺、跌跌撞撞的身体，而你
是它清明的头脑。

不要隐藏你那仁慈的蜡烛。
站起来，彻夜燃烧，我的王子。
没有你的光照，

---

1 《古兰经》第73章《披衣的人》首句："披衣的人啊！"一次穆罕默德被取绰号，穆罕默德得知时正披着衣服，于是蒙起头走开了。这时真主的启示来临，呼唤他"披衣的人啊"。

一头巨狮就会被一只兔子俘虏。

"穆斯塔法[1]，我所挑选的人，
我最干练的向导，
挺身而出，
肩负起船长的重任吧。

看看文明的篷车队，
都遭受了怎样的伏击！
愚人在世界各地掌权。
不要学尔撒的孤独。
生活在人群之中，为他们掌权。
胡麦鸟住在最适合自己的嘎夫山[2]，
你也应该学习胡麦鸟，
过最自然的生活。
活在人群之中，成为灵魂的导师。"

1　至圣穆罕默德的称号之一，意为"受选的"。
2　胡麦鸟，神话故事中的鸟，据说人与人之间的血缘关系，是由它的影子赋予的；嘎夫山，一座位于世界末端的山，在鲁米的神话系统中，这座山为胡麦鸟的住处。（英译者注）

审慎

一个朋友问先知："为什么
我做交易时总是吃亏？
那就像魔咒。我谈生意时
总是分神，做出错误的决定。"

穆罕默德回答说："遵守一条规定，
每宗买卖都考虑三天。"

审慎是真主的特质之一。
你丢些东西给一条狗，
它也会先嗅一嗅，看自己是否想要。

要有那样的谨慎。
用你的智慧之鼻来嗅。
弄清后再决定。

天地万物是在六天内
被逐渐创造出来的。真主本来大可以只下一道命令：
存在！
一点点地，一个人长到四十岁、五十岁、
六十岁，感觉越来越完整。真主本来大可以
在一瞬间让完全成熟的先知穿行于宇宙。

尔撒只说了一个字，一个死去的人便站了起来，
但创造总是像平静的碎浪那样
渐次展开。

小溪持续而缓慢地流淌，
它教会我们像它一样工作，
保持清澈，不会淤塞，
却能从容不迫，在无数细节中探出一条路来。

审慎诞生于喜乐，
就像一只鸟诞生于蛋。
鸟并不像蛋！
想想孵出来的东西有多么不同。

一个白色的皮革状蛇蛋，一个麻雀蛋；
一颗椴梓种子，一颗苹果种子：它们迥然不同，
在一个阶段外形却相似。

这些叶子，也就是我们的身体性人格，看似一模一样，
但我们每个人结出的灵魂果实
却都精巧非凡、独一无二。

21 一个新的章节：开心果护照

关于失去和找回身份

我在一九八四年独自去科尼亚旅行，但不知怎的竟弄丢了护照。我不确定我是怎样在没有护照的情况下入住塞尔柱饭店（Seljuk Hotel）的，但我就是入住了。时值黄昏。我在大街上漫步，遇到了一辆仿佛神迹显灵一般的坚果推车。它点着黄灿灿的灯笼，精致的木头隔间里的各种坚果堆成了金字塔状。我用二十五美分，买到用报纸包着的满满一包开心果。真是丰盛得不可思议。回到饭店时，我看见一排排人坐在沙发上看电视（那时候房间里还没有装设电视）。看见我，其中一个大喊"Bul Duc!"，然后其他人也此起彼伏地笑着说"Bul Duc! Bul Duc!"。那是土耳其语，意指"我找到了"，相当于希腊文的"尤利卡"（Eureka）。我前一晚在安卡拉住的饭店就叫 Bul Duc。原来他们在"我找到了饭店"找到了我的护照。我马上想到应该怎样答谢。在幽暗的大堂里，从第一排右边开始，我向每个人分发我的开心果，鞠躬说道："请。"

云朵

你听到那弦乐器说：
我也曾拥有生命。

然后那根干棍棒说：我曾是一根绿色枝条。
一位骑手把我折断。

我们并无分别。我们所说的话
是商队的驼铃，是飘过的云。

旅人，别试着决定在何处停步。
不管你被什么吸引，你都会厌倦。

从一个精子长成年轻人，
再成为老者，注意其间的改变。

保持脚步轻盈，不断前行。
不管说哪种语言，土耳其语、希腊语、波斯语，
还是阿拉伯语，总是用爱说出。

拂过水面的风讲述着河流的故事。
随着我的尾流找一片真实的幻景。

向飞蛾学习怎样与火相处。

当国王已经回到我们的城市，
我们为何还要在城郊的废墟流浪？

向你的驴子挥动驯牛鞭。
温柔并不总是适切的方法。有时，
必须断然拒绝。

在大不里士这个自内而外散发光芒的城市，
就连云都被当成征兆解读。

一颗成熟的无花果

现在你活在我的胸腔里，
任何我们坐下的地方都是山顶。

其他的意象，
像中国瓷娃娃一样诱人，曾让男男女女哭泣了
许多个世纪，现在连那些也在转变。

往日的痛楚现在成了
一张供我们在玫瑰花下休息的长凳。

左手变成了右手。

一面黑墙变成了一扇窗。
鞋里的一片衬垫，
现在变成了集会的领袖。

睿智而静默。
我们的话语对一些人来说是毒药，
对另一些人又大有裨益。

我们的话语是一颗成熟的无花果，
但不是所有会飞的鸟都吃无花果。

对问题有了理解

当灵魂听到召唤，为何仍不飞翔？
海滩上的鱼总是循着海浪的声响游弋。

猎鹰听到鼓声，会迅速带回猎物。
为何不是所有托钵僧都在阳光下跳舞？

你已逃脱牢笼。你的双翅
已经张开。现在，飞吧。

你已在棚屋睡了太久，

以为那里便是你的家。

多少年来，你像个孩子一样
捡拾棍棒和破陶片，
假装它们是宝贝。

别再像个孩子一样。参加真正人类
的宴会吧。撕开固有的文化模子。
把你的头伸出麻袋。

用你的右手把这本书举起。
你的年纪，足够区分左右吗？

真主对澄明说："行走。"
对死亡说："用纪律约束他们。"

对灵魂说："走进不可见的世界，
拿取那里的东西。"

"别再歌唱忧愁了。
大声说你已得到答案
并对问题有了理解。"

你最初的眼睛

恋人身上有四道流：
水、酒、蜜、奶。

找到你的那四道流，别去理会
某某说过什么。

玫瑰不会在乎有人称它为一根刺
或一朵茉莉。平庸的眼睛才会将人
分门别类：这个是琐罗亚斯德教徒，
那个是穆斯林。

带着你被赋予的另一种视角行走，
你最初的眼睛。不要眯着眼，
也不要像秃鹫那样茫然地瞪着。

那些爱火之人会堕入火中。
苍蝇会从碗边滑入乳清。

如果你崇爱无限，
为何要为泥土被雨水冲走而哀伤？

向人类的本质鞠躬。
沙漠会畅饮战争之血，

但如果它知道这个秘密，
泉水就会冒出，玫瑰就会成园。

不要沾沾自喜于评判别人是好是坏。
成熟些吧。至上的祝福是
沙姆斯把力量注入大地，
让我们可以等待并信任等待。

三月

再一次，尖锐的新月有如刀刃。
再一次，我们走在一个花园里，
百合花在我们四周妙语如珠。

裁缝也织不出这绿色绸缎，
树木戴上了帽子。

一阵鼓声响起，我们和着
鼓声拍打肚皮。

本来冰冻如铁的湖泊
在微风中起了褶皱，
就像达五德的锁子甲。

一个声音对香草说：发芽吧。
那只神秘的鹤也已归来。

谦卑的人们穿上盛装
再一次在窗边露出容颜。

一月的坟墓上有一场公共音乐会。
杨柳摇摆着头。

我有话对语言说。
别打搅我。

但语言追着我，争辩不休。
当空气中浸润着绿光，
我不想再言说。

我们原以为失去的那些回来了。
复活是腐朽又重生。
太阳对植物所做的一切就是明证。

生活在这个灵魂各司其职的世界吧，
享受合一，扮演法老的角色，
或者在无言中向彼此诉说。

一个哑巴的实验

剥开你的自我
去体味坚果仁的灵魂。

这些是·
坚果撞击外壳的声音。

要聆听
坚果和里面的油，
只能换一种方式。

如果不是为了坚果的甜美
那内在的谈话，
谁会晃一个核桃？

我们聆听话语，
好让我们能够无言地
进入彼此。

让耳朵和嘴巴安静，
好让嘴巴品尝滋味。

我们已经花了太多时间
大声地谈诗论道和解释奥秘。

让我们尝试做一个哑巴的实验吧。

拒绝第一盘食物

当你从吃油腻的残羹剩炙
改为精致高贵的食物，
会感觉到很大的解脱。

一类食物让你腹胀、
腹泻、肠胃不堪重负。

另一类让你轻盈，
仿佛骑乘在海洋之上。

禁食，看看会发生什么。
物质丰裕的人
对端到眼前的食物并不警觉。

不要总是吃别人端给你的。
高傲一些。拒绝第一盘食物。
请等待，主人自会端出更好的食物。

抬起头，像黑暗中那最高的山峰，

破晓时它自会转红，然后金光熠熠。

背痛

穆罕默德去探望一个生病的朋友。
这种仁慈会带来更多的仁慈，
没有人知道它会滋长至
何种程度。
那个人行将就木。
穆罕默德把脸凑近，亲吻了他。

他的朋友开始康复。
穆罕默德的探望让他重生。
他开始对带来那般光芒的疾病
心存感激。

也对夜里让他醒来的背痛
心存感激。

当世间存在这样的神迹时，
无须像水牛那般鼾声如雷。

没有宾客的到访，

痛楚的价值难于被人看见。

不要抱怨秋天。
把忧伤看成好友，和他一起散步。
聆听他的诉说。

有时，洞穴的阴冷与黑暗
会给我们带来最渴望的机会。

恐惧的用处

驴子转动石磨，不是为了
从芝麻中榨出油。

它只是想躲过刚刚挥出的一鞭，
继而避开下一鞭。

出于同一道理，牛会随你所愿，
把你的行李背往任何地方。

店家为自己而工作，
不是为了公共交易的流通。

我们都想缓解痛楚，
这让文明得以不断运转。

恐惧是真主派来的建筑师。
恐惧让我们在方舟附近工作。

曾有很多扼杀灵魂的洪水，
很多方舟和挪亚。

有些人是安全的避风港。
当与他们为伴。

其他人也许看似是朋友，
但他们其实会消耗你的元气，
就像驴子舔食果子露。

与他们保持距离，感受灵活性的复归。
那让你弯曲成一根篮子把手的内在湿气，
是内在情绪的激发，
没有人会害怕。

不过，有时倒是恐惧
让你得遇真主。

阿亚兹和三十个朝臣

朝臣都嫉妒阿亚兹。
他们向国王抱怨：为何他得到的赏赐
是我们的三十倍！

国王不答，不久，
他们一行人去沙漠群山中狩猎。

国王远远看见一列商队。
去探探他们从哪里来？

一个朝臣去了。来自赖城。
要到哪里去？不知道。

国王命另一个朝臣
前去打听。他问到了。去也门。

他们携带着什么货物？不知道。
去问问。国王指示另一个朝臣。

他们带着很多不同种类的货品。
以赖城制造的银杯为主。

他们走了多久？没人应声。

类似的情形反复上演，直到三十个朝臣
都被派了个遍。

然后国王讲了一件事。
有一天我派阿亚兹去探问一列商队。
他回来后什么都答得上。

他用不着我一次一次引领。
他有强烈的好奇心，
会把来龙去脉打听得一清二楚。

众朝臣说：那不是他自己的选择，
而是真主所赐的个性。

国王说：不对。人类自己也有很多选择。
阿亚兹就属此类。天命固然存在，
但不要否认你们的个体自由。

我应该去摩苏尔的市集，
还是到巴比伦学习巫术？

当一个人犯了谋杀罪，
报应会落在他身上。

当一个人喝多了，
难道会是另一个人头痛吗？

为你们的懒惰负责。
弱智是你们咎由自取。

收获它，追溯至
你内心的种子。

源于你独特存在的行为，
会像你受惊的孩子一样跟随着你。
它知道自己属于谁。

著作权合同登记号：图字 18-2021-51

图书在版编目（CIP）数据

在春天走进果园 /（波斯）鲁米（Rumi）著；（美）科尔曼·巴克斯英译；梁永安汉译 . —长沙：湖南文艺出版社，2021.6

书名原文：The Essential Rumi

ISBN 978-7-5726-0064-7

Ⅰ.①在… Ⅱ.①鲁… ②科… ③梁… Ⅲ.①叙事诗—诗集—波斯帝国—中世纪 Ⅳ.① I373.23

中国版本图书馆 CIP 数据核字（2021）第 027926 号

上架建议：心灵·诗集

ZAI CHUNTIAN ZOUJIN GUOYUAN
在春天走进果园

作　　　者：［波斯］鲁米
英 译 者：科尔曼·巴克斯
中 译 者：梁永安
出 版 人：曾赛丰
责任编辑：丁丽丹
监　　制：吴文娟
策划编辑：万巨红
特约编辑：刘艳君　吕晓如
版权支持：姚珊珊
营销编辑：闵　婕
封面设计：利　锐
内文设计：梁秋晨
出　　版：湖南文艺出版社
　　　　　（长沙市雨花区东二环一段 508 号　邮编：410014）
网　　址：www.hnwy.net
印　　刷：北京中科印刷有限公司
经　　销：新华书店
开　　本：875mm×1270mm　1/32
字　　数：246 千字
印　　张：10.25　插页：8
版　　次：2021 年 6 月第 1 版
印　　次：2021 年 6 月第 1 次印刷
书　　号：ISBN 978-7-5726-0064-7
定　　价：69.80 元

若有质量问题，请致电质量监督电话：010-59096394
团购电话：010-59320018